1 MONTH OF
FREE
READING

at

www.ForgottenBooks.com

By purchasing this book you are eligible for one month membership to ForgottenBooks.com, giving you unlimited access to our entire collection of over 1,000,000 titles via our web site and mobile apps.

To claim your free month visit: www.forgottenbooks.com/free963553

ISBN 978-0-260-67399-2
PIBN 10963553

This book is a reproduction of an important historical work. Forgotten Books uses
state-of-the-art technology to digitally reconstruct the work, preserving the original format
whilst repairing imperfections present in the aged copy. In rare cases, an imperfection in
the original, such as a blemish or missing page, may be replicated in our edition. We do,
however, repair the vast majority of imperfections successfully; any imperfections that
remain are intentionally left to preserve the state of such historical works.

CAUSERIES

DU

DIMANCHE

PAR

A.-B. ROUTHIER

MONTRÉAL

C.-O. BEAUCHEMIN & VALOIS, Libraires-Imprimeurs

237 et 239, Rue St-Paul

—

1871

APPROBATIONS.

——

Avant de livrer à la publicité mes *Causeries du Dimanche*, dont la première partie touchait à certaines questions religieuses, j'ai dû solliciter l'approbation de Mgr l'Évêque de Montréal, puisque mon livre était publié dans son diocèse, et de Mgr l'Évêque de Birtha qui y réside.

Voici les lettres flatteuses que j'ai reçues des deux éminents prélats :

MONTRÉAL, le 15 OCTOBRE 1871.

MONSIEUR,

Vous venez de publier vos *Causeries du Dimanche*, et je dois vous en féliciter. Car cet ouvrage, quoique fait dans les jours consacrés à rendre au Seigneur le culte qui lui est dû, n'est assurément pas une œuvre servile. Loin de là, il devra grandement contribuer au bien de la religion et de la patrie, que vous avez eu uniquement en vue, en consacrant *vos loisirs* à la défense de la vérité ; ce qui ne saurait être sans fruits devant Dieu qui récompense toujours au centuple.

Et en effet, cet excellent opuscule ne peut manquer d'atteindre le but que vous vous êtes proposé en l'écrivant, savoir, le triomphe des vrais principes sur les monstrueuses erreurs de ces temps mauvais. Car en vous attachant fortement, comme vous faites, aux doctrines du Saint-Siége, vous participez à la vie féconde et vigoureuse qui se répand de ce tronc sacré dans toutes les branches de l'arbre mystérieux qui est planté au milieu du paradis terrestre, pour donner la vie aux hommes de bonne volonté.

Vous mettez au service de la *vérité* les talents et les connaissances dont vous a doué la divine Providence, afin de vous opposer, selon la mesure de vos forces, à l'invasion des mauvaises doctrines qui inondent le monde et qui, à l'heure qu'il est, pénètrent dans notre heureux pays de foi.

Je ne puis qu'admirer votre courage et vous souhaiter un plein succès dans cette noble lutte qui, il faut l'espérer de la divine bonté, contribuera efficacement à confondre les ennemis de la *vérité* contre laquelle se déchaînent avec fureur les livres impies, les journaux irréligieux et le funeste libéralisme que notre immortel Pontife réprouve si justement et si énergiquement, parce qu'il tend à changer et à bouleverser la divine Constitution que Jésus-Christ a donnée à son Église.

Je n'ai pas à vous encourager ici à continuer vos intéressantes *Causeries* sur des questions si graves et si importantes pour le bien de la société, comme pour l'honneur de la religion. Car notre commun maître, le glorieux Pie IX, se plaît à bénir les laïques aussi bien que les ecclésiastiques qui se présentent pour former le bataillon sacré de ceux qui combattent les combats du Seigneur. Car tous ceux qui aiment la sainte Église sont les bienvenus, quand ils ont le zèle et la science nécessaires pour la défendre, sous la direction des pasteurs.

Je me contente donc de former des vœux ardents pour que vos bonnes *Causeries*, en circulant partout, deviennent le sujet ordinaire de toutes les conversations des *Dimanches* et autres jours. Car la *vérité* ne peut que jaillir de ces cercles édifiants où, par de bons discours, on se fortifie dans les bons principes, en s'encourageant à les défendre avec cœur et intelligence. Oh ! qu'il y a de bonheur à converser et à discuter avec ceux qui aiment la *vérité*, et qui détestent le mensonge ! Oh ! que l'on est heureux quand, par de sérieuses études, de bonnes lectures et de savantes discussions, on se rend capable de faire triompher la *vérité !*

En conservant ce ferme espoir et en exprimant ces ardents désirs, je demeure bien sincèrement,

Monsieur,

Votre très-humble et obéissant serviteur,

† Ig., Ev. de Montréal.

A.-B. Routhier, Ecr, Avocat, etc., etc.

Évêché de Montréal, 15 Octobre 1871.

Mon Cher Monsieur,

J'ai lu avec un vif intérêt vos " *Causeries du Dimanche,* " et je suis heureux de pouvoir dire que non-seulement chacun peut parcourir ce charmant opuscule *inoffenso pede*, mais que de plus il peut être très-profitable à n'importe quel lecteur.

Il n'y a qu'une chose que je n'aime point c'est le mot *fin* à la dernière page ; il vaudrait beaucoup mieux le remplacer par " *à continuer.* " J'aurais bien une réserve à faire au sujet de ma petite homélie de Kamouraska, mais je préfère dire *transeat*, et laisser au lecteur à deviner la part du poëte dans ce petit compte-rendu.

Bien affectueusement,

Votre tout dévoué en Notre-Seigneur,

† Adolphe, Év. de Birtha.

A.-B. Routhier, Ecr, Avocat, etc., etc.

INTRODUCTION

A MON FRÈRE

Il y a à peine douze ans que, parvenus ensemble à
cet endroit où le chemin de la vie se partage, nous
nous sommes dit adieu. J'entrai dans le monde et tu
embrassas l'état ecclésiastique.

Dans cette Eglise Catholique qui nous a vus naître,
nous prîmes deux places différentes : tu montas à
l'autel parmi les privilégiés du sanctuaire, et je restai
mêlé dans cette foule immense qui remplit la nef. Tu
continuas de vivre dans ce collége de Ste Thérèsc, qui
a laissé tant de souvenirs dans mon cœur, à l'ombre
de ces arbres qui avaient grandi avec nous, et moi,
je vins planter ma tente à Kamouraska, sur les bords
enchantés du grand fleuve.

Que de fois encore mes rêveries me ramènent à ces
jours écoulés ! Il y a des heures délicieuses et mélan-

coliques où ces souvenirs me reviennent à l'esprit aussi frais, aussi vivaces que s'ils étaient d'hier. Je les vois cependant qui s'en vont et s'éloignent comme la voile qui disparaît à l'horizon, et peut-être viendra-t-il un temps où ils surnageront à peine, comme de chétives épaves, sur l'océan du passé.

Cette heure n'a pas encore sonné pour moi, et mon âme ressaisit toujours sans effort ces suaves émotions, ces touchantes impressions que les souvenirs d'enfance y réveillent. Le souvenir est le mirage du passé, comme l'espérance est le mirage de l'avénir ; mais celui-ci ne cache le plus souvent à nos regards que des illusions et des mensonges, tandis que celui-là voile au fond de nos âmes de délicieuses réalités.

Tu sais que dès ma sortie du collége mes goûts naturels me portaient à la littérature ; et si elle eût été une carrière, tu sais avec quel plaisir j'y serais entré. Mais tous ceux qui me portaient quelque intérêt me détournèrent de cette voie, et je suivis leurs conseils.

Mais lorsque les premières nécessités que la vie réelle impose furent satisfaites, lorsque l'avenir ouvrit devant mes pas des horizons plus vastes, un chemin plus assuré, mon penchant littéraire m'a entraîné avec une force nouvelle. J'ai écrit ; on m'a encouragé, et le premier volume que je publie, c'est à toi que je l'adresse.

Il se compose en grande partie d'écrits publiés dans les journaux, et c'est à la demande de mes amis que je les réunis en volume, après les avoir *revus, corrigés et augmentés,* suivant l'antique usage. On a pensé, et j'espère qu'on n'a pas eu tort, qu'il fallait donner à ces écrits une forme plus durable, parce qu'ils rénferment des vérités qui, de nos jours, doivent être affirmées hautement.

M. de Sainte-Beuve a fait des *causeries du lundi;* M. de Pontmartin a publié des *causeries du samedi*, et après eux sont venus d'autres *lundistes* et d'autres *samedistes. Causeries du Dimanche* m'a paru être un titre convenable aux écrits hebdomadaires que j'ai publiés dans le *Courrier du Canada.*

En France, le lundi est le jour consacré aux plaisirs et à la débauche, et le dimanche au travail. M. de Sainte-Beuve a été le type du lundiste, et quand le lundi n'a pas suffi à ses joies, il n'a pas craint d'y consacrer le vendredi. Pour lui les saucisses avaient un goût plus suave le Vendredi-Saint.

Ses causeries sont imprégnées de ce fumet d'une vie matérielle. Malgré l'habileté de sa critique littéraire, et la pureté de son style, on y sent l'absence de Foi, et c'est un vide immense.

Dans notre pays, où la Foi catholique est encore vivace, le dimanche appartient au Seigneur, et les loisirs que ce jour m'a laissés, je les ai consacrés à la défense de la Vérité.

Quoi qu'on en dise, la Vérité compte partout des ennemis. L'Eglise, qui ne respire que l'amour et la charité, est l'objet d'une haine implacable et mystérieuse. Depuis qu'elle existe, cette institution si belle, si grande, si digne de toutes les admirations, de tous les hommages et de tous les amours, a toujours suscité dans le monde cette haine extraordinaire, qui serait un

phénomène inexplicable si nous ne savions pas que la
terre est le champ de bataille où Satan veut être vainqueur du Christ.

La haine de l'Eglise, voilà la grande passion du
monde moderne, celle qui résume et contient toutes
les autres. Voilà la source de toutes les erreurs dont
le triomphe a conduit la France jusqu'au fond de
l'abime. Voilà le miracle perpétuel dont les effets se
sont produits dans tous les siècles, et dont le récit
embrasserait l'histoire de l'humanité.

Grâce à Dieu, la haine de l'Eglise n'a pas encore
envahi tous les peuples. Mais un germe de haine et de
discorde a fermenté partout. A côté des ennemis déclarés ont surgi les indifférents et les conciliateurs in-
discrets, ceux qui rêvent je ne sais quel compromis
entre l'Eglise et la civilisation moderne, ceux qui
demandent des concessions à l'épouse du Christ pour
la mettre en harmonie avec les tendances des sociétés.

A côté de ceux qui nient carrément les droits de
l'Eglise, il y a ceux qui distinguent et ceux qui séparent; ceux qui s'inclinent respectueusement devant
cette institution divine, mais qui voudraient renfermer
son action dans un cercle étroit qu'ils appellent le
domaine spirituel; ceux qui adorent Dieu et son éternelle Providence, mais qui voudraient l'exclure du
domaine littéraire, du domaine scientifique et du
domaine politique.

Voilà les erreurs subtiles qui ont pénétré jusque
dans notre beau pays, et qui finiront par y produire
leurs effets naturels, la négation et la haine de l'Eglise.
Quels que soient les noms qui désignent ces erreurs;

qu'on les appelle *libéralisme, gallicanisme, césarisme, joséphisme, séparatisme,* ou autrement, elles ont toutes leur source commune dans cette grande hérésie des temps modernes qui se nomme le *naturalisme.*

Tous les progrès du XIXème siècle tendent à propager cette grande erreur. On nie le surnaturel, ou bien on limite le plus possible son action dans ce monde. On croit que les destinées des peuples sont liées à des lois immuables, promulguées par Dieu dès le commencement; que le monde est fatalement livré à une série d'événements irrévocables, et que Dieu n'a rien à faire dans le fonctionnement des lois qu'il a formulées. On s'imagine que notre seule mission sur la terre est de diriger, de coordonner et de faire servir à notre félicité matérielle les lois et les forces de la nature. On ne voit de bonheur pour l'humanité que dans les jouissances naturelles, et le génie humain se consume dans la recherche de ce qui peut multiplier ces jouissances. L'homme, se dit-on, pourra se passer de Dieu, lorsqu'il aura réalisé tous les progrès matériels qu'il rêve. Hélas! on veut oublier que le bonheur de l'humanité a commencé dans une crèche et s'est complété sur une croix!

Non, mon cher frère, ni les nations, ni les individus ne sauraient trouver le bonheur véritable dans le naturalisme. Il faut admettre non-seulement l'existence du surnaturel, mais son action persistante, continuelle, universelle dans les événements de ce monde.

Le ciel et l'enfer se disputent l'empire de notre planète, et la liberté de l'homme, soumise à cette double action, produit des actes qui servent toujours l'une ou l'autre puissance. Les nations sont aussi soumises à cette double influence, et leurs destinées sont heureuses ou malheureuses, suivant qu'elles s'abandonnent à l'esprit du bien ou à l'esprit du mal.

Voilà une vérité que les ténèbres du naturalisme ont obscurcie et qui dans notre pays même n'est pas parfaitement comprise.

Il ne faut pas se le dissimuler, le peuple canadien-français, quoique éminemment catholique, n'est pas exempt d'erreurs et de préjugés. Il y a parmi nous des hommes qui n'ont pas la haine de l'Eglise, mais qui n'ont pas non plus la haine de l'erreur. Ils prétendent bien connaître leurs devoirs de catholiques ; mais ils n'aiment pas qu'on leur en parle. Ils sont bien disposés en faveur de l'Eglise, mais ils considèrent volontiers ses droits comme des faveurs du pouvoir civil, et lorsqu'on les revendique, on s'expose à leur déplaire. Ils sont remplis des meilleures intentions pour les écrivains religieux, mais c'est leur avis qu'ils parlent trop souvent du bon Dieu et de la Providence, et qu'ils ont tort de mêler cet élément divin aux questions littéraires, sociales et politiques.

En un mot, le surnaturel les gêne et les ennuie, quand il n'a pas le malheur de les irriter.

C'est particulièrement à cette classe de lecteurs que mon livre s'adresse. Je voudrais les convaincre que dans les temps où nous vivons la question religieuse se mêle à presque toutes les questions et les domine. Je voudrais les habituer à chercher dans

les causes surnaturelles l'explication de tous les faits
que le temps déroule sous nos yeux. C'est pourquoi
j'ai envisagé au point de vue religieux tous les
sujets que les circonstances ont amenés sous ma
plume.

Je sais qu'on appellera mes causeries des sermons :
on l'a déjà dit. Mais je ne m'effraie pas de ce mot,
ni de la chose, et mes lecteurs ne se laisseront pas
décourager par cette critique trop facile. Ils auront
l'esprit de juger par eux-mêmes si mes sermons
sont tolérables. La prédication est l'œuvre propre du
XIXème siècle, et puisque l'erreur a ses prédicateurs
dans toutes les classes de la société et dans tous les
états, il faut que la Vérité compte aussi partout des
défenseurs qui l'aiment avec passion.

On m'objectera que je suis laïque. Mais de Maistre,
de Bonald et Donoso Cortès étaient des laïques ;
Louis Veuillot, Auguste Nicolas et cent autres sont
des laïques ; et tous ces hommes ont fait ce qu'on
appelle dérisoirement des sermons. C'était l'opinion
de Bossuet que les laïques doivent aussi prêcher la
vérité, et c'est l'enseignement de Pie IX, le plus
grand des Papes, après saint Pierre.

"Nous touchons, disait de Maistre, à la plus
grande des époques religieuses, où tout homme est
tenu d'apporter, s'il en a la force, une pierre pour
l'édifice auguste dont les plans sont visiblement
arrêtés."

Je m'autorise de ce grand modèle pour accomplir
ma petite part dans ce grand labeur que la défense de
la Vérité impose à tous. J'appartiens, comme simple

soldat, à cette Eglise militante que les ennemis
entourent de toutes parts. Le soldat n'a pas le droit
de commander, ni d'enseigner; mais il a le devoir
de combattre. C'est ce devoir que j'accomplis pour
la plus grande gloire de Dieu et pour le plus grand
bien de ma chère patrie, dont la grandeur est
inséparable de la religion.

J'admets d'ailleurs que mes *sermons* auraient pu
être plus gais. Mais est-ce la peine d'écrire un livre
pour faire des plaisanteries? En m'efforçant d'être
plus agréable, j'aurais peut-être été moins utile. Or,
ma devise est celle d'un romain célèbre : *Placere
optassem, prodesse malui*.

A.-B. ROUTHIER.

PREMIÈRE PARTIE

RELIGION ET POLITIQUE

CAUSERIES

DIMANCHE

I

A PROPOS DU CONCILE DU VATICAN.

Ce matin je me suis levé avec le soleil. La nature était calme, et semblait fatiguée des orages de la nuit. Le vent avait soufflé avec une fureur étrange depuis la veille : il s'était enfin apaisé en grommelant.

On entendait encore au loin les sourds grondements de la tempête, et du sein de la mer, dont la surface polie ondulait lentement, s'élevait encore un murmure confus et solennel. Quelques voix discordantes troublaient par intervalles cette harmonie, et sur ces

lames qui souriaient aux caresses du printemps,
s'avançaient çà et là d'énormes glaces flottantes qui
semblaient défier les rayons du soleil.

La mer roulait ses grandes vagues vers l'orient.
Matinales et radieuses comme des fiancées, elles
se levaient, elles accouraient, elles se prosternaient
devant le roi du jour en murmurant leur hommage.
Elles semblaient être les paupières de l'océan s'ouvrant pour contempler la lumière, et se refermant
éblouies devant un rayon de soleil !

Ce spectacle m'a paru être une image fidèle de
l'état actuel du monde. * Contre toutes les prévisions
humaines, la paix règne dans l'univers. Les bruits de
guerre sont venus mourir aux portes du Concile, et le
monde semble attendre en silence l'accomplissement
de grandes choses. De terribles secousses l'ont ébranlé
depuis le commencement de ce siècle ; il a essuyé bien
des tempêtes et soutenu bien des luttes, luttes de
peuples, luttes d'idées, luttes de principes, luttes de
religion. Il est enfin las, et se repose, comme il se
reposait lors de l'avénement du Christ.

Comme la vague que je viens d'admirer, le flot des
idées roule en ce moment vers l'Orient. Rome est le
rivage béni qui l'attire ; le Concile, illuminé par Dieu
lui-même, est la lumière qu'il veut contempler. Le
Pape, successeur et représentant infaillible du Christ,
est le roi du jour aux pieds duquel les nations
murmurent leur hommage. Mais au loin gronde
encore un écho de tempête, et au milieu du concert

---

* J'écrivais cela en avril 1870,

de louanges et de bénédictions, des accents de blasphème et de haine se font entendre. Sur la mer paisible que le Soleil de Justice échauffe, de malheureux prêtres égarés entassent laborieusement ces glaces flottantes de l'erreur qui semblent défier les rayons de la Vérité.

Grâce à Dieu, encore un peu de temps et ces voix discordantes seront réduites au silence ! Encore quelques semaines, peut-être quelques jours, et ces montagnes de glace, qui jettent le froid dans la conscience catholique, se dissoudront à la chaleur de l'Esprit-Saint, dans cet océan de vérité qui porte le vaisseau de l'Eglise Romaine !

C'est la conviction des plus profonds penseurs de ce siècle, que le Concile du Vatican est le commencement d'une ère de paix et de triomphe pour l'Eglise Catholique. Il est certain que cette auguste assemblée rendra des oracles infaillibles, très-propres à guider les peuples dans la voie ténébreuse où ils se sont engagés, et que le monde n'a qu'à prêter l'oreille s'il veut être sauvé. Espérons que la société européenne ne sera pas sourde à cet appel suprême, et qu'elle saura reconnaître enfin cette voix autorisée de la sainte Eglise, sa mère.

On peut d'ailleurs asseoir cette espérance sur quelque fondement. La doctrine catholique a conquis bien des adeptes depuis quelques années, et l'horizon semble un peu moins chargé de nuages. Au commencement de ce siècle l'avenir du catholicisme paraissait bien sombre. La Révolution française avait ébranlé la foi jusqu'en ses fondements, et les deux

grandes erreurs de ce temps, le libéralisme et le
socialisme, avaient envahi l'Europe. Les peuples
n'avaient pas encore fait l'épreuve de ces utopies
absurdes et de ces rêves insensés, et l'idée libérale
les séduisait et les entraînait comme un vertige.

Aussi, les grands penseurs catholiques désespéraient
du salut des sociétés. De Bonald et de Maistre
étaient en proie à des idées sombres et à des
prévisions lugubres. Châteaubriand semblait écrire
l'épitaphe du christianisme et pressentir avec douleur
la fin prochaine de cette *religion si poétique*. Donoso
Cortès, dans ces derniers temps, faisait entendre le
même cri de désespoir, et l'on connait les sombres
prophéties de son génie attristé, prophéties qui se
sont si bien réalisées dans sa malheureuse patrie !

Mais, il me semble que les choses ont changé de
face depuis quelques années, et qu'il y a lieu d'espérer
pour l'homme de foi. Donoso Cortès s'écriait que la
société européenne se mourait, mais il ajoutait qu'elle
trouverait son salut dans une réaction religieuse. Or,
cette réaction, qu'il ne croyait pas probable, il me
semble qu'elle est maintenant visible. Il disait aussi
que changer le cours des choses serait une entreprise
de géants ; or les géants sont venus ; ils sont à Rome,
et ils changeront le cours des choses. Si la société peut
encore être sauvée, c'est par Pie IX et le Concile
qu'elle le sera ; eux seuls peuvent arrêter ce torrent
qui entraîne les nations à la ruine, et j'ai confiance
dans la digue qu'ils élèvent.

Depuis longtemps déjà le vieux monde chancelle
sur ses bases. Comme le grand roi Nabuchodonosor,

il fait des rêves sombres que ses devins sont impuissants à lui expliquer. Assisté par le Saint-Esprit comme Daniel, le Concile va lui donner l'explication de ses rêves, et lui faire comprendre que l'édifice social assis sur le libéralisme est semblable à cette statue de Nabuchodonosor, debout sur des pieds d'argile, et qu'une pierre détachée de la montagne a renversée et réduite en poussière.

La société européenne semble enfin disposée à recevoir cette leçon, et après tous ses mécomptes et ses désillusions, n'y a-t-il pas lieu d'espérer qu'elle en profitera ? Eclairée par cette lumière qui va jaillir du Concile, ne verra-t-elle pas enfin que ni la république, ni l'autocratie, ni le parlementarisme ne la sauveront, mais que la croix seule sera son salut : *In hoc signo vinces !*

Assez longtemps elle a été dupe des théories politiques, sociales et religieuses de ses philosophes et de ses hommes d'état. Elle a dû en éprouver toute l'inanité et le mensonge ; il est temps qu'elle s'élève et qu'elle rétablisse les bases que Dieu lui a données, et sans lesquelles on la verra crouler.

Cédant à la pression populaire, le Gouvernement français ne se prête-t-il pas en ce moment à cette réaction religieuse que Donoso Cortès posait comme condition indispensable de salut ?—L'Angleterre ne marche-t-elle pas à grands pas vers le catholicisme, et ses docteurs n'ont-ils pas enfin compris que le résultat logique et définitif du protestantisme, c'est le rationalisme ?

L'Espagne doit être rassasiée des douceurs que le libéralisme lui apporte, et disposée a changer de

banquet. La Russie s'abreuve encore du sang des
martyrs ; mais on sait les voies de Dieu, et l'histoire
de l'Eglise nous apprend que le sang des victimes
convertit les bourreaux !

Il ne faut donc pas désespérer de cet illustre malade
qui se nomme le XIXème Siècle, et nous devons
reprendre confiance en voyant quels médecins Pie IX
a réunis pour le guérir. Le prophète Jérémie s'écriait :
" Mon peuple a fait deux choses mauvaises : il m'a
" abandonné, moi la source d'eau vive, et il s'est
" creusé des citernes, fosses entr'ouvertes qui ne
" peuvent retenir l'eau. " C'est la grande faute du
XIXème siècle : il a abandonné Dieu, la source d'eau
vive, et il s'est creusé des citernes, où il a puisé une
eau malsaine et corrompue. Citernes littéraires,
citernes philosophiques, citernes politiques où l'insensé
a bu l'iniquité et le poison !

C'est un grand coupable ; mais la miséricorde
divine est infinie, et s'il veut approcher ses lèvres
de ces flots de vérité qui vont jaillir du Vatican, il
sera sauvé. C'est la douce espérance de l'Eglise. Mais
s'il méconnaît encore cette grâce infinie ; si la
miséricorde demeure sans effet, l'heure de la Justice
sonnera, et le châtiment sera terrible.

II

DES VICAIRES APOSTOLIQUES ET DE SAINT JEAN-BAPTISTE.

Il y a dans le Concile du Vatican un grand nombre de Vicaires Apostoliques, et les libéraux gallicans leur témoignent peu d'estime. Ils leur accordent volontiers certains mérites, et la science des langues sauvages ; mais ils ne les jugent pas qualifiés à traiter convenablement les grandes questions de la théologie dogmatique. L'infaillibilité surtout est au-dessus de leur science, et naturellement, les Evêques de cour et les abbés de salon leur sont bien supérieurs. Ceux-là, du moins, ont vu le monde ; ils connaissent les besoins que le progrès impose, et les tendances émancipatrices qu'il ne faut pas combattre. Ils savent

les nécessités du gouvernement des peuples, et combien il faut adoucir et modifier la vérité pour la
faire accepter.

Mais les Vicaires Apostoliques ignorent toutes ces
choses avec beaucoup d'autres. Dans les déserts et les
solitudes qu'ils habitent, il n'est pas étonnant qu'ils
soient demeurés étrangers à tous ces moyens termes,
à toutes ces transactions de la diplomatie et des
gouvernements. Ils ignorent qu'il faut souvent dévier
de la ligne droite, et suivre la ligne courbe. Ils sont
restés rudes et grossiers, et les peuples policés de
l'Europe ne peuvent pas les accepter comme des
oracles. Bien loin de sauver la société, ce sont eux
qui la perdraient par leurs exagérations et leurs
imprudences !

Ainsi parlent les Dupanloup, les Gratry, les Daru
et bien d'autres moins marquants dans tous les coins
du globe. Je me rappelais ce langage en lisant
aujourd'hui la vie de saint Jean-Baptiste, et je me
demandais comment serait apprécié le plus grand des
enfants des hommes, s'il apparaissait en plein soleil
du dix-neuvième siècle.

Ce grand patron du peuple canadien-français a été
le premier des vicaires apostoliques. Il est né dans les
montagnes de la Judée, il a vécu dans les déserts,
séparé du commerce des hommes, vêtu de poils de
chameau, et se nourrissant de sauterelles et de miel
sauvage. Le premier il a annoncé aux hommes la
bonne nouvelle de la venue du Christ, et, sans être
académicien, il paraît qu'il ne manquait pas d'éloquence.

Il ne marchandait pas non plus la vérité aux grands de ce monde, et si Hérode n'a pas su insérer dans son code particulier les saintes lois du mariage, qui ne sont pas non plus parfaites dans notre code, ce n'est pas parce que saint Jean-Baptiste les lui a laissé ignorer. Quel zèle animait ses discours ! Et comme les Pharisiens baissaient la tête devant ce langage énergique, que notre siècle efféminé appelle violent, et dont le Christ s'est servi tant de fois ! " Race de vipères, " leur disait-il, qui vous a appris à fuir la colère dont " vous êtes menacés ?.... La cognée est déjà à la " racine des arbres. Tout arbre donc qui ne produit " pas de bons fruits va être coupé et jeté au feu. "

Il ne paraît pas qu'il fût versé dans les lettres profanes. Il ne fréquentait ni les cours, ni les salons, ni les banquets, ni les clubs, ni les académies, et l'on doit présumer qu'il passait pour un rustre aux yeux des gens de lettres. Hérodiade, qui personnifiait la société d'alors, ne l'avait pas en haute estime, et il ne fit rien pour mériter ses bonnes grâces.

Il allait son chemin droit, sans faiblesses, ni complaisances pour personne, et c'est le témoignage que Jésus-Christ lui a rendu en disant qu'il n'était pas *un roseau agité par le vent*. Cela signifiait qu'il ne s'abandonnait pas à tout vent de doctrine, et qu'il ne courbait pas l'échine devant les misères puissantes !

Il ne recherchait pas l'admiration des hommes, et il avait en horreur tout ce qui flatte la vanité ou la concupiscence. Jésus a complété son éloge en ajoutant : " Ce n'est pas un homme vêtu avec mollesse ". On sait que ceux qui s'habillent de cette sorte sont dans les maisons des grands.

Voilà pourtant l'homme qui a commencé la régénération du monde, et qui, sans consulter les rois et les empereurs, se mit à dire aux hommes : " Je suis la " voix de celui qui crie dans le désert': préparez la " voie du Seigneur ; rendez droits et unis ses sentiers ; " que toute vallée soit remplie, et que toute montagne " et toute colline soient abaissées ! " etc., etc.

Les Darus de ce temps-là se récrièrent : cet homme ne connaît rien des affaires de ce monde ; il méconnaît les aspirations de l'esprit humain, et veut arrêter sa marche vers le progrès ; ne le laissons pas faire : il nous ramènerait à la barbarie ; et ils le jetèrent en prison. Mais sa parole franchissait les murs de son cachot, et quand on lui fit trancher la tête, il était trop tard. Ses idées avaient déjà pris racines au fond des cœurs, et le Christ, dont il avait été l'humble précurseur, avait commencé l'œuvre du salut des hommes !

En dépit des réclamations des Pharisiens et des Scribes, saint Jean-Baptiste connaissait donc mieux que personne le grand remède qui allait sauver la société, et c'est dans la solitude qu'il avait acquis cette science de Dieu. C'est aussi dans le désert que Jésus, après lui, était allé se préparer à la divine mission qu'il devait accomplir, et si nous ouvrions l'histoire, à peine pourrions-nous compter toutes les gloires de l'Eglise, tous les véritables savants qui sont sortis des déserts.

On a donc bien tort de mépriser les opinions des Vicaires Apostoliques lorsqu'il s'agit de proclamer les grands dogmes de l'Eglise. C'est à ces âmes d'élite, exemptes de préjugés et de passions, indépendantes des vains intérêts de l'orgueil ou de la politique, calmes et fermes dans leur foi, que l'esprit de Dieu se communique. Comme le patron du Canada, ils ne sont ni gradués, ni diplômés, et la prière est leur principale étude. Mais comme Dieu est vraisemblablement plus savant que les professeurs de Sorbonne et les triples docteurs d'Allemagne, il arrive que ces évêques sans cathédrales et sans budjets sont plus versés dans les sciences théologiques que les savantissimes allemands.

Après tout, la science allemande n'étonne plus personne, je crois. On commence à s'apercevoir que bien des livres allemands qui ont paru merveilleux ne sont que d'illustres plagiats. Leur langue baroque, leur style nébuleux ont causé l'illusion, et ceux qui auraient pu aller au fond des choses ne l'ont pas osé, craignant les *chicanes d'allemand.*

Le Dr Dœllinger qui dans ces derniers temps a fait beaucoup de bruit, et qui a peut-être caché un collaborateur français sous son pseudonyme bi-facial de Janus, n'a guère fait autre chose qu'une compilation qui n'a pas longtemps passé pour une nouveauté.

Après Luther, je ne crois pas qu'aucun allemand puisse rien inventer. Lors même qu'il ferait un schisme, la chose ne serait pas nouvelle.

III

LE RIRE DES HOMMES.

Comment ne pas causer de ce dont tout le monde parle ?—Comment ne pas dire un mot de cette guerre gigantesque qui ébranle l'Europe jusqu'en ses fondements ?—Comment ne pas se prosterner devant les décrets éternels de la justice de Dieu, précipitant l'une contre l'autre, pour les châtier, les deux plus fortes nations de l'univers ?

Terrible fléau que la guerre, mais fléau nécessaire ! Loi désastreuse mais divine, que les congrès de la paix sont impuissants à réformer, parce qu'ils sont impuissants à bannir le mal qui en est la cause !

Châtiment effrayant dont les effets font frémir, mais châtiment salutaire qui ramène à Dieu les nations égarées !

Pauvre mère-patrie ! Combien elle est humiliée ! Ce qui m'afflige, ce n'est pas sa défaite : la défaite est parfois bien glorieuse. Ce qui m'accable, c'est de penser qu'elle est châtiée et qu'elle l'a bien mérité !

Dieu l'avait faite grande et belle parce qu'elle était la fille aînée de son épouse terrestre. Mais elle a déserté la maison maternelle ! Elle a choisi pour mère une marâtre qui s'appelle la Liberté, et cette infâme l'a pervertie ! Pour se rendre agréable à la Liberté, elle a flatté la Révolution qui veut s'affranchir de toutes lois divines et humaines ! Elle a prêté une oreille complaisante aux écrivains et aux philosophes qui veulent supprimer Dieu ! Que dis-je ? Elle les a applaudis et décorés !

Parce que Dieu laissait faire, elle croyait qu'il dormait ! Parce qu'il écoutait patiemment ses blas-phèmes, ses impiétés, ses reniements, elle en était venue à penser qu'il n'existait plus ! Parce qu'il gardait le silence, en creusant l'abime de douleurs où il doit la purifier, elle travaillait à lui creuser sa fosse ! O cruelle déception ! C'est elle qui était endormie, et s'est éveillée trop tard !

Ne dis plus, ô Jacob, que ton Seigneur sommeille.

Hélas ! Oui, la France est châtiée, et ceux qui ne voient pas au-dessus de ce qui se passe la main mystérieuse que Balthasar entrevit dans un festin, ne

connaissent pas le premier mot de la philosophie de
l'histoire. Dans notre pays pourtant si catholique, il
s'est rencontré des journaux que l'habitude de ne voir
la Providence nulle part a aveuglés au point qu'ils
n'aperçoivent pas la main vengeresse qui s'appesantit
sur la France.

Si vous leur dites que cette nation est coupable et
qu'elle expie ses fautes, ils répondront en se moquant
que vous avez des *visions apocalyptiques* ; et ils vous
opposeront ce fin argument : M. Louis Veuillot a
déclaré que la Prusse est le péché de l'Europe ; or
la Providence n'a pu prendre parti pour le péché.
O plaisanterie !

La pire des choses après la guerre, c'est la plaisanterie, et je crois que l'une des fins de la première,
c'est bien souvent de punir la seconde. Il y a longtemps
que la France plaisante. Il y a longtemps que Paris
se moque. Le rire de Paris était devenu épileptique,
et il se changeait en grimace. Il avait des éclats qui
retentissaient jusqu'aux extrémités du monde. Rien
n'était exempt de ses quolibets et de ses lazzis : il
riait des lois, il riait de l'homme, il riait de Dieu !
Rire satanique et devenu inextinguible !

Il fallait mettre un terme à ce mal contagieux, et je
crois que Dieu l'a guéri. Paris ne semble plus avoir
envie de plaisanter maintenant. Difficile de rire quand
on s'appelle Paris, et quand on ne peut plus allonger
la tête au-dessus des ramparts sans apercevoir les
fusils prussiens ! Difficile de plaisanter, quand au
lieu de *Thérésa*, on entend chanter la mitrailleuse

prussienne, et quand un orchestre de quatre cent mille musiciens a remplacé celui de la *Belle Hélène !*

Paris voulait des drames nouveaux et des féeries nouvelles. Paris regrettait les cirques fameux des empereurs romains, et il allait demander des combats de gladiateurs pour amuser son peuple ! Que ce peuple soit satisfait : le plus grand des acteurs, Dieu, vient de faire son apparition dans ses murs, et le drame qui s'annonce fera pâlir toutes les féeries du XIXème siècle. Paris lui-même est transformé en un cirque immense dont les murailles sont les gradins, et ses portes céderont bientôt sous la multitude des gladiateurs !

Châteaubriand a dit : Les larmes sont mères des vertus ! Il est aussi vrai de dire que le rire est le père des vices.

La France était sérieuse et grande dans la première moitié du siècle de Louis XIV. Mais le bel esprit vint trop tôt mêler ses saillies aux œuvres sérieuses des grands écrivains, et quand la France s'abandonna entièrement au rire grivois de Molière et de La Fontaine, Dieu l'accabla de revers qui firent couler bien des larmes.

Au rire de Molière, qui ne s'attaquait qu'aux mœurs, succéda le rire satanique de Voltaire, qui nia la divinité du Christ et de sa sainte religion. Ce fut comme un incendie qui se communiqua à toute la France, et pour l'éteindre, il fallut une mer de sang : la Révolution Française !

La France moderne est fille de Voltaire, et son rire est monté comme une écume jusqu'au trône de Dieu. Comme Voltaire, auquel elle vient d'élever honteusement une statue, elle s'est dressée en face du Christ et elle lui a dit : " Tu n'es pas Dieu ! " A l'exemple des valets du prétoire, elle l'a bafoué, ridiculisé, injurié, et elle s'est moquée de ses leçons et de sa doctrine. Il faut que ce rire se change en larmes, et que ces larmes enfantent des vertus.

Il faut bien le reconnaître : la France actuelle est déchue pour s'être trop abandonnée à la folie du plaisir. Ses journaux, ses romans, ses théâtres, ses féeries l'ont trop amusée. La joie et les orgies ont absorbé le temps consacré à l'étude et au travail. Aussi, la décadence n'est-elle pas seulement dans les mœurs ; elle est dans les lettres, dans les arts et dans les sciences : je parle ici de l'école *libre-penseuse*, et non de l'école catholique. Ses philosophes sont des plagiaires qui rééditent des vieilleries ; ses orateurs sont pour la plupart des phraseurs sans science véritable ; ses poëtes, y compris Victor Hugo, sont des rêveurs excentriques qui substituent le son à l'idée ; ses hommes politiques trahissent l'ignorance la plus grossière en niant l'intervention de Dieu dans les destinées des peuples. Quant à l'art militaire, le seul dont on ignorait la déchéance, on sait maintenant ce qu'il est devenu dans la France des Renan, des Rochefort et des Offenbach.

De Bonald a dit : "La France est, depuis Charlemagne, le centre du monde civilisé, le point autour duquel tourne le système social de l'Europe." Rien n'est plus vrai, et c'est pourquoi la France est plus coupable, et doit porter la peine de l'égarement de l'Europe.

Paris est sans contredit la capitale de la civilisation; mais, malheureusement, elle est aussi la capitale de l'empire de Satan en ce monde. C'est là que l'enfer a dressé des batteries qui vomissent la mort dans toutes les parties du globe. Il faut que Paris redevienne la ville de sainte Geneviève, s'il veut faire reculer le nouvel Attila qui le menace. Mais s'il veut continuer à chanter, c'est la bonne occasion pour lui de répéter ce refrain de la *Belle Hélène :*

> Bon ! la foudre gronde
> Et voilà le monde
> Tout interloqué !
> Ce coup de tonnerre
> Annonce à la terre
> Un *communiqué !*

Le *communiqué* a été entendu d'un bout du monde à l'autre. N'y aura-t-il que la France qui ne l'entendra pas ? Nous en avons la ferme espérance, le peuple français ouvrira les yeux. Il se rappellera ce que l'illustre Joseph de Maistre a dit: " Les " annales de tous les peuples n'ont qu'un cri pour " nous montrer comment le terrible fléau de la " guerre sévit toujours avec une violence propor- " tionnelle aux vices des nations, de manière que, " lorsqu'il y a débordement de crimes, il y a toujours " débordement de sang...Il n'y a qu'un moyen de " comprimer le fléau de la guerre, c'est de com-

" primer les désordres qui amènent cette terrible
" purification. " Au lieu du refrain d'Offenbach, il
redira avec l'Ecclésiastique : " J'ai regardé le rire
" comme une erreur et j'ai dit à la joie : Pourquoi
" m'as-tu trompé ? "

Il jettera un coup d'œil en arrière, et il comptera
les châtiments que la Providence lui a déjà infligés,
et quand l'humiliation de ses défaites aura abattu
son orgueil, et quand les larmes de la désolation
auront noyé son rire, il se relèvera purifié, plus
fort et plus grand que jamais !

IV

LE RIRE DE DIEU.

Après le rire des hommes, vient le rire de Dieu, qui est la fin de la clémence : *Irridebit eos !*

La miséricorde divine est infinie, et l'homme se lasse plutôt de pécher que Dieu de pardonner. Mais il vient une heure où la justice l'emporte sur la clémence, où la sainteté et la sagesse de Dieu commandent irrésistiblement de punir. L'homme qui pèche et qui souffre peut espérer que Dieu aura pitié de lui ; mais l'homme qui pèche et qui rit n'a plus droit de compter sur la miséricorde : Dieu, se rira de lui, *irridebit !*

C'est le rire de Dieu, le rire de sa colère, qui vient d'éclater en France et qui retentit partout. Jamais Dieu ne s'est moqué des projets d'un peuple et d'un empereur d'une manière plus terrible, et il a fait servir à leur déchéance et à leur humiliation, tout ce qui, dans les vues humaines, devait leur procurer la grandeur et la gloire.

Il y a quelques années, lorsque le gouvernement de la France complotait, avec ce Machiavel qui se nommait Cavour, l'abaissement de l'Autriche et son expulsion de l'Italie, et lorsque les Français allaient blanchir de leurs os les plaines du Piémont pour abattre une puissance catholique et fonder un royaume libre-penseur, on croyait que la France victorieuse devenait plus grande et plus forte. Erreur ! Elle faisait un métier de dupe, et Dieu se moquait de ses triomphes et de ses beaux rêves dont il prévoyait l'aboutissement criminel !

Lorsque la France signait cette fameuse convention du 15 septembre 1864, par laquelle elle s'engageait à abandonner à l'Italie la garde de la Papauté, ses hommes d'Etat se félicitaient d'avoir réglé la question Romaine d'une manière si habile, et son Empereur se frottait les mains de satisfaction. Hélas ! Il trahissait la cause de Dieu et se faisait l'instrument des voleurs et des parjures ! Il abandonnait à la révolution le patrimoine de l'Eglise qu'il avait mission de défendre ! Mais Dieu, dont il méprisait les enseignements, inscrivait dès lors au livre de l'avenir la chute de l'Empereur avant la chute de Rome, et sur ses lèvres divines passait un sourire de dédain.

Lorsque Sadowa vint pour la première fois éveiller les inquiétudes de la France, elle comprit que l'abaissement de l'Autriche agrandissait la Prusse, et que cette puissance rivale devenait un danger ; mais elle se contempla dans son orgueil et se dit : " Je suis la première nation du monde; je marche à la tête de la civilisation, et la Prusse est encore barbare, quoique forte. Quand il sera temps de mettre un frein à son ambition, je saurai bien la réprimer. " Hélas ! comme Dieu riait de ces fanfaronnades et de ces erreurs, lui qui avait déjà choisi la Prusse comme instrument de sa justice !

Et lorsqu'au moyen du plébiscite voté par sept millions de Français, l'ex-Empereur croyait avoir bien affermi sa dynastie sur le premier trône de l'Europe, avec quelle dérision amère Dieu creusait dans le même instant l'abime qui devait l'engloutir !

Ah ! l'homme est bien grand quand il remplit sa mission ; mais quand il y manque, il n'est plus qu'un vil jouet dont Dieu se raille impitoyablement ! *Irridebit et subsannabit eos !*

Mais étendons plus loin nos regards et embrassons un théâtre plus vaste.

De même qu'il y a dans l'homme deux éléments qui se font la guerre, l'âme et le corps, il y a aussi dans le monde deux éléments qui se disputent l'empire : l'Eglise, qui est l'âme du monde, et les Etats, qui en sont le corps; l'autorité de l'Eglise, qui est l'esprit, et la force des Etats, qui est la matière,

Or, laquelle des deux dominations le monde a-t-il préférée dans ce dix-neuvième siècle que l'on admire tant ?

Hélas! jamais la lutte n'a été si acharnée, et jamais le triomphe de la matière sur l'esprit n'a été si éclatant.

Qu'est-ce-que Dieu, a dit le philosophisme ? C'est l'univers parvenu à son entier développement.

Qu'est-ce que l'homme ? C'est la matière perfectionnée.

Qu'est-ce que la religion ? C'est la raison humaine éclairant la marche de l'humanité.

Le Verbe Humain s'est dressé en face du Verbe Divin! Le progrès indéfini de la matière est devenu l'unique Religion enseignée dans les écoles des gouvernements. En rejetant la domination de l'Eglise, le monde a rejeté la domination de l'esprit et il a voulu la domination de la matière.

Dieu a permis ce qu'il a désiré, et le monde peut maintenant se prosterner à son aise devant l'idole qu'il s'est créée. Nous sommes arrivés au règne de la matière : l'arbitre des destinées du monde, ce n'est plus l'Eglise, c'est la mitrailleuse !

Le maître de l'Europe, ce n'est plus le génie, c'est le canon! Le souverain dont la voix couvre toutes les autres, c'est le fusil Dreyse ! La matière est toute-puissante, et toutes les belles phrases des plus éloquents rhéteurs, et toutes les démonstrations des plus habiles diplomates ne peuvent prévaloir contre elle !

C'est la suprême raillerie de Dieu, de punir le monde en lui accordant ce qu'il a demandé ; or, le monde a voulu le règne de la matière : il l'a ; qu'il en jouisse !

Le droit international est devenu un mot vide de sens. Les lois de la guerre sont effacées du code des nations. Les peuples n'ont plus d'autre règle que l'instinct de s'agrandir. Il n'est même plus besoin de déclaration de guerre, ni de raisons pour l'entreprendre.

La Russie se lève et marche à la conquête de la Mer Noire, comme on voit un chasseur, le fusil à l'épaule, se diriger vers la forêt pour s'approprier quelque gibier. L'Italie s'engage solennellement à protéger Rome, et, le lendemain, sans un mot d'explication, sans un motif même vraisemblable, sans un prétexte même spécieux, elle envoie une armée contre la Ville-Eternelle, et s'en empare !

Voilà où en est la justice humaine, quand la force brutale domine !

Voilà ce que deviennent les rapports des Etats entre eux, lorsqu'ils ont brisé les liens qui devaient les unir à l'Eglise !

C'est l'ère des grandes agglomérations de peuples, et si l'Eglise ne reprend pas sur l'Europe l'empire qu'on lui a enlevé, c'en est fait des petits Etats : leur dernière heure a sonné, parce que la loi du plus fort est devenue la loi suprême !

Il n'y a qu'une chose parfaitement sûre au milieu de toutes les incertitudes du moment, il n'y a qu'une chose visible à tous les yeux au milieu des obscurités qui enveloppent le monde, c'est le travail de Dieu ! Ouvrier tout-puissant, il a porté la main sur l'Europe pour la défaire et pour la reconstruire !

Par la définition du Dogme de l'Infaillibilité, il a allumé un phare immense pour éclairer l'horizon. Mais l'Europe a fermé les yeux, et pour la contraindre à les rouvrir, Dieu a allumé les feux de la guerre !

Le saint Concile du Vatican a indiqué à l'Europe la base inébranlable de toutes choses, la pierre indestructible sur laquelle les royaumes terrestres doivent asseoir leurs fondements. Mais l'Europe s'est crue bien solidement assise et elle a refusé de s'appuyer sur la Pierre. Alors, pour la convaincre qu'elle est bâtie sur le sable, Dieu a pris dans ses mains les colonnes de l'Europe, comme Samson saisit autrefois celles du temple de Dagon, et il a ébranlé l'immense édifice. Il la secoue violemment pour en faire tomber les idoles, et pour qu'elle reconnaisse enfin l'impuissance du dieu Dagon qu'elle s'est choisi !

De toutes les nations de l'Europe, espérons-le, la France sera la première qui lèvera vers Dieu ses mains suppliantes, et qui implorera son pardon. Elle ne peut tarder bien longtemps de se repentir, et alors viendra le châtiment de la Prusse. Dieu se rira d'elle et de son immense orgueil, comme il a ri de la France, et il la brisera comme un verre ! *Irridebit et conquassabit !*

V

AUX GRANDS MAUX LES GRANDS REMÈDES.

M. Henri Lasserre, dans un magnifique ouvrage,
qui a pour titre *Notre-Dame de Lourdes*, a écrit cette
parole remarquable : Otez Dieu de certains événements, et vous vous trouvez en face de l'inexplicable !
Cette vérité trouve une application frappante dans
la série de faits extraordinaires qui se déroulent
sous nos yeux de l'autre côté de l'océan. Les
événements qui s'y accomplissent ont un caractère
anormal et étonnant ; sans être précisément im-
prévu, tout y est étrange ; et celui qui aurait écrit,
il y a trois mois, tout ce qui est maintenant fait
accompli, aurait été infailliblement jugé digne de
Bicêtre.

Essayer de trouver dans le seul domaine des choses naturelles les causes du bouleversement actuel de l'Europe, c'est se heurter à l'impossible. Se placer au seul point de vue humain pour juger ce terrible ébranlement des trônes et des nations, c'est se jeter tête baissée dans l'absurde !

Dans ce drame émouvant, dont nous suivons les péripéties avec tant d'intérêt, il y a le visible et l'invisible, l'humain et le divin, l'un que l'on voit et l'autre que l'on devine, l'un qui exécute et l'autre qui ordonne, l'un qui s'agite et l'autre qui le mène !

Elevons donc nos regards au-dessus de ce théâtre où le monde se remue bruyamment, et tâchons de soulever un coin du voile qui nous dérobe encore les projets de Dieu.

La lutte engagée entre les deux plus grandes puissances de l'Europe est certainement bien effroyable. Mais il y a une guerre plus terrible qui se poursuit depuis le commencement de ce siècle entre l'Eglise et la Révolution que Joseph de Maistre a si bien appelée satanique.

Or, il n'y a pas à le dissimuler, à l'époque de la convocation du Concile, la victoire de la Révolution était imminente. Le libéralisme, son agent le plus subtil et le plus insinuant, avait fait des ravages étonnants dans tous les pays catholiques. Il avait corrompu l'Espagne et l'Italie ; il avait envahi l'Autriche et la partie catholique de l'Allemagne, et c'est lui qui régnait en France. Napoléon III qui, comme son oncle, était venu à son heure, c'est-à-dire à l'heure marquée par Dieu, avec la mission évidente d'écraser la Révolution, Napoléon III avait oublié son rôle providentiel, et était devenu un instrument inutile que Dieu n'avait plus qu'à briser.

Le monde était donc déplorablement égaré, et il courait en folâtrant dans un sentier glissant qui le conduisait à l'abime. Le chemin de la vérité devenait désert, et les multitudes, ennemies de la lumière, s'enfonçaient rapidement dans les ténèbres de l'erreur. Le monde allait donc être perdu, si Dieu n'intervenait pour le sauver.

Le Christ intervint.

Son représentant sur la terre convoqua le saint Concile du Vatican. De tous les confins de l'univers les célestes médecins accoururent, et se mirent à préparer les remèdes qui devaient guérir les maladies de l'humanité.

Le dogme de l'Infaillibité fut le premier proposé.

C'était un phare immense allumé pour dissiper les ténèbres. C'était un remède souverain destiné à guérir ces maladies mortelles dont le monde est atteint, et qui s'appellent : le mépris de toute autorité, la souveraineté de la raison humaine et le scepticisme universel. C'était une loi de vérité et d'amour que le ciel dictait à la terre et qui devait la sauver.

Hélas ! quelles luttes terribles et scandaleuses s'engagèrent alors et vinrent démontrer combien le monde était perverti, puisque l'erreur avait pénétré jusqu'au sein de l'épiscopat ! La France et l'Allemagne furent les deux foyers de désordre d'où ces querelles surgirent, et c'est pourquoi la colère de Dieu s'alluma soudainement contre ces deux pays qui avaient tant lutté contre la loi d'amour,

Le dogme fut proclamé, et la guerre commença.

Le Concile du Vatican et la guerre : voilà donc les deux agents dont Dieu va se servir pour sauver le monde. Le Concile va guérir son aveuglement, et la guerre abattra son orgueil et détruira ses idoles. Le Concile est l'œuvre de la miséricorde, et la guerre est celle de la justice. Le Concile est l'astre bienfaiteur qui doit dissiper la nuit de ce monde, et la guerre est le remède violent qui doit secouer sa torpeur !

Admirable économie des desseins de Dieu ! Avant que le Concile proclame et définisse les principes éternels qui doivent régler les rapports de l'Eglise avec les Etats, Dieu précipite les peuples dans une guerre gigantesque, pour les instruire et pour les préparer à accepter ses préceptes !

On lit dans l'Exode que Moïse étant monté sur le Sinaï, y reçut des mains divines deux tables de pierre où Dieu lui-même avait écrit sa loi ; mais quand il descendit de la montagne il trouva son peuple prosterné aux pieds d'un veau d'or ; et, entrant dans une grande colère, il brisa les tables de la loi, pulvérisa le veau d'or et fit tuer vingt-trois mille Israélites pour punir leur idolâtrie !

Le Concile du Vatican avait reçu de Dieu, comme Moïse, la mission de transmettre aux peuples catholiques les tables de sa loi. Mais quand il a voulu proclamer les divins commandements, il a trouvé les nations prosternées devant la Révolution et lui présentant leurs hommages. Alors la colère de Dieu a éclaté : le saint Concile a été interrompu, l'idole de la Révolution a fait place à la Patrie en danger, et

depuis trois mois Dieu promène sur l'Europe son
glaive d'extermination. Le Dieu des peuples catholiques
est le même que le Dieu des Hébreux, et c'est au
milieu des éclairs et des tonnerres qu'il veut mainte-
nnat leur dicter ses lois.

Il faut que l'Eglise triomphe encore une fois de la
Révolution, et qu'elle affirme aux yeux du monde,
d'une manière plus évidente et plus manifeste que
jamais, sa force, sa puissance et sa vitalité. Le Concile
est pour les peuples catholiques un gage d'espérance,
et les malheurs de la guerre leur obtiendront le
pardon.

Dieu ne fait pas les choses à demi, et en châtiant
le passé, il a voulu sauver l'avenir !

Mais il ne sauvera pas le monde malgré lui. Il faut
que l'Europe revienne à Dieu, et sollicite de lui son
salut. Elle aura beau faire, vivre sans Dieu est
impossible ; et elle est irrévocablement condamnée à
la mort si elle continue d'exclure Dieu de ses conseils,
de son enseignement et de ses lois. Il faut que la loi
de Dieu devienne la base des codes européens.

Sinon, la Révolution reprendra sa marche triomphante et nous verrons grandir fatalement le règne
de la force brutale. L'Europe sera livrée au dieu
qu'elle s'est choisi, la matière, et la matière l'écrasera.
Après l'heure de la Prusse, sonnera l'heure de la
Russie, et le monde sera perdu !

VI

LA FRANCE ET L'EGLISE.

Au milieu des catastrophes dont l'Europe est le théâtre, il est impossible de ne pas jeter un regard de stupeur sur ces deux grands vaincus que l'univers contemple : Napoléon III et Pie IX. L'on est saisi d'effroi quand on songe que ces illustres chefs de deux grandes nations catholiques sont maintenant prisonniers, et que la Révolution triomphe partout. La France écrasée, bousculée du pied par le soldat prussien, Rome prise et gouvernée par les satellites de Victor-Emmanuel : quel spectacle affligeant pour nous, français et catholiques ! Quel renversement de nos plus chères espérances !

Et pourtant, si terribles que soient nos alarmes, si sombre que l'avenir apparaisse, notre espoir est inébranlable. Nous, catholiques, nous savons que Dieu sait tirer le bien du mal. Nous savons que l'abime où il permet aux peuples de descendre n'est jamais si profond qu'il ne puisse les en tirer quand il le veut. Tout devient instrument dans ses mains, et lorsque la leçon terrible aura porté tous ses fruits, et que l'épreuve aura suffisamment confirmé les justes dans la foi, un acte de sa divine volonté rétablira le calme et la sécurité. De rien, Dieu fera tout surgir, et le miracle du *fiat lux* se renouvellera pour la millième fois.

Mais tant que le châtiment se poursuivra implacable et visible, tant que l'épreuve humiliera nos fronts, ne cessons pas de tirer de ce grand drame tous les enseignements qu'il contient.

Il y a dans le monde deux nations qui devraient toujours marcher sous le même drapeau : la nation française et le peuple romain. Il y a deux souverains qui devraient être inséparables : celui de la France et celui de Rome. Unis ensemble, ces deux souverains sont tout-puissants ; mais l'isolement les affaiblit et les livre sans défense aux assauts de la Révolution. La France est la force de l'Eglise et l'Eglise est la force de la France. Les ennemis de l'une sont les ennemis de l'autre, et quand la France se sépare de l'Eglise, tous ses ennemis sont dans la jubilation et dans la joie, parce qu'elle cesse dès lors d'être invincible.

L'illustre évêque de Poitiers a dit que la France a été créée pour l'Eglise. Rien n'est plus vrai, et la capitale de la France catholique, ce n'est pas Paris, c'est Rome! C'est ce qui faisait dire à un ambassadeur français en Italie : Rome ne peut pas être la capitale d'un royaume ; elle n'a rien pour cela, tandis qu'elle a tout pour rester la capitale de la catholicité.

Le souverain de la France, empereur ou roi, c'est le bras puissant de ce corps mystique du Christ que nous appelons l'Eglise. Coupez le nerf qui l'unit au corps, et ce bras ne sera plus qu'un tronçon inerte, parce qu'il puise dans le corps seul sa force et sa vigueur.

Pie IX comprenait bien la nécessité de cette union, lorsqu'il disait aux soldats français rappelés dans leur patrie : " Si vous voyez l'Empereur, " dites-lui que je prie chaque jour pour lui. On " dit que sa santé n'est pas trop bonne : je prie " pour sa santé. On dit que son âme n'est pas " tranquille, je prie pour son âme. La nation " française est chrétienne : son chef doit être chrétien " aussi. "

C'est aussi Pie IX qui répondait au représentant de la France prenant congé de lui : " Dites à " l'Empereur que je demande au Seigneur de mourir " avant d'être témoin des fléaux qui s'approchent, et " il comprendra ! "

Hélas ! Pie IX avait trop bonne opinion de l'intelligence de l'Empereur : Napoléon III ne comprit pas !

Il n'y a eu qu'un Alexandre, qu'un Jules César, qu'un Charlemagne ; mais il y a eu deux Napoléon : ce qui semblerait étendre à toute leur dynastie la mission providentielle de ces deux hommes. Et, chose étrange, tous deux ont commis la même faute, ont été victimes du même égarement !

On dirait qu'ils étaient jaloux de ce pouvoir surnaturel qui les dominait. Ils allongeaient la tête au-dessus des autres souverains, et pendant quelques années ils semblaient être les arbitres des destinées de l'Europe. Mais ils voyaient toujours au-dessus d'eux cette tête couronnée que l'univers catholique saluait du nom de Pape ! En abaissant cette tête ils croyaient qu'ils seraient les plus grands. Erreur fondamentale : c'est alors que leur déchéance commençait. C'est en élevant et en fortifiant la Papauté qu'ils auraient grandi avec elle ! Ainsi avaient fait Constantin et Charlemagne, qu'ils auraient dû prendre pour modèles et qu'ils ont méconnus.

Les Napoléon ont préféré le païen Jules César au chrétien Charlemagne, et ils ont laissé la France affaiblie et humiliée. L'Eglise, qu'ils avaient mission de protéger, ils l'ont combattue, trahie ou abandonnée, et la catholicité leur en tiendra compte. Charlemagne restera le plus grand des empereurs, et son plus beau titre de gloire sera dans cette inscription qu'on lit au Vatican : " *Carolus magnus, Romanæ Ecclesiæ ensis clypeusque,*" Epée et bouclier de l'Eglise Romaine.

Un Empereur comme Charlemagne et un pape comme Pie IX auraient pu remuer l'Europe et l'asseoir sur des bases plus solides. En méconnaissant ce rôle, Napoléon III a marché vers sa ruine, et sa ruine a entraîné la chute de Rome.

Mais entre les deux célèbres vaincus, il y a une immense distance.

Le Pape, prisonnier ou exilé, ne cesse pas d'être Roi de Rome, parce que ce titre et ce trône lui viennent de Dieu et qu'il n'est pas au pouvoir de Victor-Emmanuel de les lui enlever. Mais l'Empereur déchu n'est plus rien. Il avait voulu tenir son sceptre du suffrage universel, et le suffrage universel le lui a violemment arraché des mains.

L'empereur tombé ne peut espérer se relever. Mais le Pape est sûr qu'il sortira de sa prison ou reviendra de son exil. Sa dynastie est immortelle, et il n'y a pas de révolutions ni de guerres qui puissent rendre légitime sur le trône de Rome une autre dynastie que la sienne. Comme Noé elle est établie dans une arche et ne peut pas être submergée. Quand vient le déluge, l'arche monte et la dynastie est sauvée !

VII

Je me représente quelquefois Napoléon III prisonnier dans le château de Wilhemshohe. Je le vois sombre et accablé, promenant ses pas mélancoliques sous les grands arbres du parc royal, et jetant par delà l'horizon des regards chargés de pensées profondes. Que de réflexions doivent traverser ce cerveau en feu ! Que de souvenirs doivent s'y heurter tristement !

Tous les événements de cette vie si extraordinaire et si agitée passent et repassent dans sa mémoire, comme les nombreux régiments qui défilaient autrefois devant ses yeux, et qui ne sont plus, hélas ! que des souvenirs.

3

Il revoit son enfance dont une partie s'est écoulée au milieu des splendeurs impériales, entourée des soins de la Reine Hortense et de Napoléon I, et que le désastre de Waterloo vint soudainement envelopper d'un voile de deuil et d'humiliation.

Il songe à cette époque de revers et de châtiments, où l'Empereur vaincu s'acheminait vers l'exil, et où lui-même, enfant de sept ans, proscrit et fugitif, errant avec sa mère à travers la Savoie, le grand duché de Bade, la Suisse et la Bavière, trouvait enfin asile dans ces deux derniers pays et y passait quelques paisibles années.

Il se rappelle cet enthousiasme juvénile et ces illusions libérales qui lui faisaient imprudemment prendre part à l'insurrection des Romagnes, sa fuite d'Italie, la vie errante qu'il recommença, excitant partout les inquiétudes des gouvernements, son échauffourée de Strasbourg, son voyage en Amérique où l'abbé Mastaï, qui devait être Pie IX, était aussi venu quelques années auparavant, sa malheureuse entreprise de Boulogne, et son incarcération au château de Ham, qui en fut le résultat.

Le château de Ham, où il connut les ennuis et les angoisses de la captivité ! Le château de Ham, d'où ses aspirations s'élançaient vers la gloire et vers la première couronne du monde ! Quelle distance entre le château de Ham et le château de Wilhemshohe ! Quels horizons immenses se sont déroulés entre ces deux portes de prison ! Quels événements entre ces deux dates !

Alors, c'était l'avenir qui répandait des fleurs devant ses pas ambitieux ! Aujourd'hui c'est le passé, avec ses succès et ses revers, ses gloires et ses humiliations, ses beaux rêves et ses tristes réalités ! La prison de Ham, c'était encore l'espérance, et les plus séduisants fantômes la peuplaient ! Mais la prison de Wilhemshohe, c'est la sombre tristesse, c'est la fin de la gloire, le terme de la grandeur, le tombeau de toutes les espérances. Tout ce qui est passé ne reviendra plus. Tout ce qui est fini est à jamais fini, et ce qui est mort ne ressuscitera pas !

Du château de Ham il écrivait : " Je souffre, mais " tous les jours je me dis : je suis en France, je " conserve mon honneur intact ; je vis sans joies, " mais aussi sans remords, et tous les soirs je " m'endors satisfait. "

Du château de Wilhelmshohe, il écrirait tout le contraire : il n'est plus en France, son honneur n'est plus intact, et il ne doit plus être sans remords !

Aussi quand le soir vient, quand l'ex-empereur, seul au coin du feu, voit se dresser devant ses yeux toutes les sombres images que le présent lui jette, un noir chagrin doit envahir son âme ; et, marchant à l'aventure, comme un grand somnambule, il doit chercher laborieusement les causes de sa déchéance !

Alors il se souvient de ce grand exilé, tant chéri de son enfance, qui avait vaincu et soumis l'Europe entière, et qui vint un jour se briser contre le prussien Blücher ! Qu'était-ce que Blücher ? Un grain de sable !

Mais ce grain de sable avait été jeté par la Providence
sous les roues du char triomphal, et le char avait été
renversé !

Il se rappelle ce Warterloo qu'il devait venger, et qui
devient glorieux comparé au désastre de Sedan. Il
rapproche ses destinées de celles de son oncle, et il
pleure de désespoir en pensant que la Prusse est
l'écueil fatal où la fortune des Napoléon va toujours
se briser !

Où donc est la cause mystérieuse et surhumaine
de ces inexplicables catastrophes ? Où sont donc ces
éléments désorganisateurs qui changent la force en
faiblesse et qui conduisent les tout-puissants à l'exil ?

Hélas ! pour son malheur, Napoléon III n'a peut-être
pas encore trouvé la solution de ce problème. C'est
dans le domaine politique seul qu'il cherche les causes
de sa déchéance : il faudrait regarder plus haut et c'est
dans l'ordre religieux qu'il les trouverait. Mais ce n'est
pas de ce côté que les rois du XIXème siècle jettent
leurs regards, et c'est parce qu'ils ne veulent pas
compter avec le surnaturel que leur sagesse est en
défaut.

Napoléon III avait pourtant dans son oncle un grand
exemple et un grand enseignement ; mais il n'avait
pas vu les plus grandes fautes de son règne, et il ne
sut pas les éviter.

Il voulut être moins homme de guerre et plus
homme d'état : c'est plus catholique qu'il aurait dû
être ; c'est en étant plus catholique qu'il pouvait se
dispenser d'être plus homme de guerre.

Mais moins on s'appuie sur le sentiment religieux, et plus il faut compter avec les armées. C'est ce que la Prusse a compris, et c'est pourquoi le militarisme est devenu sa loi, j'allais dire sa religion. Chose étrange ! c'est elle qui a recueilli et mis en pratique les idées militaires de Napoléon I, et pendant que la France caressait le rêve insensé de donner au monde une paix éternelle, la Prusse allignait ses innombrables bataillons.

Le militarisme est le successeur naturel et nécessaire d'une religion qui s'en va, et ce qui a fait la faiblesse inexplicable de la France, c'est qu'en cessant d'être religieuse, elle n'est pas devenue plus militaire. Au contraire, la religion est si intimement liée à la vie et à la gloire de cette nation, que l'une ne peut pas déchoir sans l'autre, et que l'abaissement de la religion entraîne toujours chez elle toutes les décadences, celle de l'art militaire comme les autres.

C'est pour la France surtout qu'il est vrai de dire avec Châteaubriand que la chute de la religion entraîne nécessairement la chute de l'empire : le faîte tombe quand la base s'écroule.

Voilà des vérités que Napoléon III n'aurait pas dû oublier, et que la chute de son oncle aurait dû graver profondément dans sa mémoire : peut-être qu'alors il aurait su éviter les fautes qu'il a commises.

Un jour il écrivait : " Pour faire disparaître les " ferments de discorde qui vont aujourd'hui en " augmentant entre le pouvoir spirituel et le pouvoir " temporel, il faut deux choses : que l'université cesse

" d'être athée, et que le clergé cesse d'être ultra-
" montain. "

Cette proposition comprenait deux parties dont la
première était vraie et dont la seconde était fausse.
Or, c'est précisément celle qui était fausse que Napoléon III s'est efforcé de réduire en pratique. Il a persécuté l'ultramontanisme, et favorisé l'athéisme. Sur
le chemin des faveurs et des décorations on a toujours
rencontré les libéraux et les athées, jamais les ultra-
montains. C'est par là que se révélaient ses véritables
sentiments à l'égard de Rome et du Saint-Siège, dont
les actes pontificaux n'ont pas toujours obtenu son *placet*.

Si, dans sa prison de Wilhemshohe, Napoléon III
fait un retour sur lui-même et pense à Dieu, il con-
fessera le caractère irréligieux de son règne, il se
rappellera qu'il n'a pas laissé au Pontife Romain la
liberté nécessaire pour l'administration de l'Eglise de
France, et qu'après lui avoir laissé enlever par le
Piémont ses plus riches provinces, il l'a livré sans
défense aux sicaires de la Révolution.

Il se souviendra qu'il a fermé la bouche aux écrivains catholiques et arrêté l'essor des dévouements
religieux, tandis qu'il laissait toute liberté aux journaux impies et aux théâtres immoraux; et la suppression de la société St-Vincent de Paul et de quelques journaux pèsera sur sa conscience.

Il n'oubliera pas, enfin, qu'au lieu d'abattre la
grande ennemie de l'Eglise, la Révolution, il l'a laissée
grandir et s'élever au-dessus des trônes, et qu'il en a
été la première victime. C'est ainsi qu'il s'expliquera
sa chute.

VIII

LE PRISONNIER DU VATICAN.

L'histoire contemporaine est pleine de contrastes ; et la captivité de Napoléon III au château de Wilhemshohe nous amène tout naturellement à parler de cet autre grand prisonnier que le Vatican renferme.

Mais ici nous sentons que nous n'avons pas devant nous un homme ordinaire, et quand nous voyons au-dessus du grand roi temporel se dresser le vicaire du Christ, nous plions humblement le genou. Nous reculerions même devant la tâche d'esquisser cette sublime figure qui domine tous les temps modernes, si ce n'était un devoir et un bonheur pour un fils de parler de son père.

Pie IX ! Quel nom a jamais réuni plus d'amours et
plus de haines ! Quel symbole de paix a jamais allumé
plus de guerres ! Quel athlète a jamais soutenu plus
de combats !

Il y a vingt-cinq ans qu'il est sur la brèche, luttant
contre des ennemis de tous genres, de toute taille et
de toutes armes ! Il y a vingt-cinq ans qu'il soutient
pour la défense de l'Eglise la guerre la plus formidable qui se soit jamais vue, et il n'a été défait que
lorsqu'il a été trahi ou abandonné par tous les pouvoirs catholiques. Encore, devons-nous espérer que
cette défaite et cette captivité ne seront pas de longue
durée.

S'il nous était donné de pénétrer dans ce palais du
Vatican transformé en prison, nous sommes sûr que
nous retrouverions l'illustre vieillard plein de calme
et de sérénité, jetant sur l'avenir des regards pleins de
confiance, et prédisant le triomphe prochain de l'E-
glise. Car Pie IX n'a jamais désespéré, et c'est lorsque
tout semblait perdu qu'il s'est toujours écrié : " Tout
est sauvé ! "

Pie IX, enfant, avait souvent entendu dire que Pie
VI serait le dernier Pape, et quelques années après,
on disait la même chose de Pie VII, traîné en captivité. Pie IX est cependant le troisième successeur de
Pie VI, et si l'on tient sur son compte le même propos
insensé, il sait de science certaine que l'on se trompera
une fois de plus. La guerre qu'il a soutenue et les
œuvres qu'il a accomplies produiront des fruits de
salut, et la Papauté sortira triomphante des catastrophes auxquelles nous assistons.

Pour donner la mesure de la grandeur de Pie IX, il faut dire le nombre et la puissance des ennemis qu'il a combattus.

Les Pontifes Romains, ses prédécesseurs, ont souvent lutté contre les princes, pour la défense des libertés et des droits du peuple. Mais Pie IX a dû lutter contre les peuples et les rois. C'est le triomple de la Révolution, à cette heure de ténèbres, d'avoir réussi à soulever à la fois contre l'Eglise les souverains et les populations, les gouvernants et les gouvernés.

La Révolution a dit aux peuples : Le clergé se joint aux rois pour vous tyranniser et vous extorquer ; et dans le même temps elle a dit aux rois : Le sacerdoce est jaloux de votre pouvoir et il s'unit aux peuples pour le détruire et pour vous renverser. Flagrante contradiction ! Duperie stupide !

Et cependant les souverains et les nations ont ajouté foi à ces mensonges, et ils se sont ligués contre le Sacerdoce et la Papauté. Cette erreur n'a pas seulement gagné et réuni les impies, les incrédules, les hérétiques et les libres-penseurs, mais elle a séduit les catholiques eux-mêmes et l'on a vu surgir cette école catholique libérale, qui voudrait allier ensemble l'*Evangile* et le *Contrat Social*, envelopper le crucifix dans le drapeau rouge, et tant agrandir le côté humain du Christianisme, que la divinité en soit éclipsée !

Et c'est ainsi que la Révolution est devenue la plus grande puissance que Satan ait jamais organisée sur cette terre ; puissance telle, que sans la résistance qu'elle a rencontrée à Rome, elle aurait précipité l'Europe entière dans l'anarchie la plus funeste.

Or, c'est à cette grande ennemie du catholicisme que Pie IX a livré bataille. Il nous apparaît comme un géant, debout sur le point le plus élevé du monde, luttant seul majestueusement contre les peuples et les rois coalisés ! Au lieu de combattre avec le Pontife Romain, les gouvernements, auxquels la Révolution est cependant aussi funeste qu'à l'Eglise, se sont ligués avec l'ennemie commune et lui ont prêté main forte. Aberration inexplicable, qui a obligé Pie IX à lutter contre les pouvoirs européens pour les défendre et les protéger contre eux-mêmes ! C'est l'un des phénomènes les plus étranges de notre temps et qui démontre jusqu'à quel point l'esprit humain est égaré.

Hélas ! on ne peut plus le nier : le monde est pris de vertige ! Il est fasciné par cette Révolution qui l'entraîne à l'abime, et il court joyeusement à sa perte, sans qu'il s'élève des trônes un bras pour l'arrêter !

Seul, entre tous les souverains de l'Europe, Pie IX s'est jeté au-devant de la Révolution, au risque d'être écrasé, et s'il ne l'a pas abattue et anéantie, c'est parce qu'il ne s'est pas trouvé dans toute l'Europe un seul pouvoir qui ait voulu le secourir !

Telle est la lutte surhumaine que Pie IX a soutenue depuis vingt-cinq ans. Lutte religieuse, sociale et politique ! Lutte contre les conspirateurs et les émeutiers ! Lutte contre la philosophie, le libéralisme et les hérésies ! Lutte contre la diplomatie et la force armée, contre les rois et contre les peuples, contre l'enfer et contre le monde !

Ah ! s'il est vrai que les remords doivent peupler le château de Wilhemshohe, bien sûr qu'ils n'ont pas

pénétré dans la prison du Vatican, et le plus grand des
vaincus doit avoir l'âme en paix. Que pouvait-il faire
en effet pour sa vigne qu'il n'ait point fait ?

Quel est le coin de l'univers qui n'ait été l'objet de
sa sollicitude ? Depuis la Pologne jusqu'au Mexique,
depuis le Canada jusqu'à l'extrême orient, quel est le
peuple dont il n'ait su connaître les besoins et sonder
les misères ?

Où est l'hérésie qu'tl n'ait condamnée ? La mauvaise
doctrine qu'il n'ait flétrie ?

Où sont les injustices qu'il n'ait dénoncées et sévèrement blâmées, depuis les spoliations de Victor-Emmanuel jusqu'aux persécutions du Czar de Russie ?

Quels sont enfin les maux de l'Eglise ou des sociétés
auxquels il n'ait cherché remède ? Les besoins auxquels il ait refusé de satisfaire ?

Roi et Pontife, il n'a rien négligé, ni l'administration temporelle de ses états, ni le gouvernement de
l'Eglise Universelle, et il a élevé ces deux titres au
plus haut sommet de la grandeur !

Et quand le monde perverti s'est montré rebelle à
ses enseignements, quand en dépit de ses efforts il
s'est aperçu que le mal triomphait, il a appelé autour
de lui tous les évêques de l'univers. Dépourvu de
toute force matérielle, il a concentré dans Rome toute
la force spirituelle du monde, et il a donné à la terre
le grand spectacle du Concile du Vatican.

A la force brutale qui règne maintenant partout, il
a voulu opposer toute la force morale de l'Eglise catholique, et il attend maintenant le résultat avec confiance.

Il y a ces contrastes frappants entre Pie IX et Napoléon III : l'empereur prisonnier rapetisse, tandisque le Pape, captif, grandit. Guillaume de Prusse, vainqueur de Napoléon, s'élève au premier rang, tandis que Victor-Emmanuel, triomphant, descend au dernier. Et c'est pourquoi Pie IX croit encore à l'influence de la force morale, et espère.

Il voit la main de Dieu qui s'apesantit d'une manière terrible sur l'Europe, et puisque cette main divine démolit, c'est qu'elle veut reconstruire. Sa foi vive et sa ferme espérance lui font déjà apercevoir la fin de la tourmente révolutionnaire, et il répète ces paroles qu'il adressait au sacré-collége le 25 décembre 1865 : " Le sommeil du Christ sera passager, et le " jour viendra où le Christ, se levant, commandera " aux vents et à la mer, et il se fera un grand calme. " *Tranquillitas magna.*"

Aujourd'hui, jour de la Toussaint, je suis allé sur bord de la mer.

Le crépuscule descendait promptement et couvrait déjà d'une teinte sombre l'horizon qui se chargeait de nuages. Le vent soufflait avec force, et ses rafales tourbillonnantes faisaient retentir à mon oreille, comme des cris de naufragés, les sons lugubres de la cloche des morts.

La mer montait.

Les flots déferlaient bruyamment sur le sable, et couvraient déjà une grande partie du rivage. Seul, un rocher les dominait de toute sa hauteur, et, calme, attendait la fin de la tempête.

Mais les vagues accouraient toujours plus furieuses et l'entouraient en poussant des cris sauvages. Ecumantes et pressées, elles se poussaient les unes sur les autres, comme les flots d'une émeute que l'ivresse et la rage précipitent, et, bientôt, comme des couleuvres immenses, elles enroulèrent autour du rocher leurs anneaux livides et couverts de bave.

La mer montait toujours, et quand elle eut atteint sa plus grande hauteur, son écume jaillissait jusque sur la crête du rocher qui disparaissait par intervalles.

Mais bientôt, le reflux commença. La mer se retira en grondant, et le rocher reparut plein de calme et de majesté.

Dans cette résistance calme et forte du rocher à la mer, j'avais sous les yeux une image frappante de la lutte terrible mais pleine de mansuétude que Pie IX a soutenue et soutient encore contre la Révolution. La Révolution est un océan qui a son flux et son reflux. Aujourd'hui le flot monte et se gonfle, et l'on dirait que Pie IX est englouti sous l'écume ; mais laissez la mer se retirer, et vous reverrez le Pape plus vivant et plus fort que jamais !

IX

DU POUVOIR TEMPOREL DES PAPES.

I

Les tristes événements qui se déroulent en Italie ont soulevé des cris d'indignation parmi les catholiques du monde entier. De toutes parts ont retenti les ·plus éloquentes et les plus solennelles protestations contre cette violation sacrilége de tout droit et de toute justice dont le roi Victor-Emmanuel s'est rendu coupable.

Dans notre pays surtout, la réprobation est universelle et dans tous les centres importants, il y a eu de grandes démonstrations contre les oppresseurs de Pie IX, le plus saint des pontifes et le plus grand des rois de la terre.

Mais il y a une démonstration plus éloquente que toutes celles dont nous lisons les comptes-rendus dans les journaux. Il y a une démonstration qui parle un langage plus fort, plus irrésistible que tous les beaux discours que nous avons entendus, et, ce qui est étrange, c'est que l'Europe n'entende pas ce langage.

Cette démonstration irréfutable, c'est la France mourante. Ce langage si persuasif, c'est le râle agonisant de cette grande nation qui se croyait invincible. Et si l'on me demandait quel est le plus fort argument qu'on puisse invoquer en faveur du pouvoir temporel du Pape, je répondrais : Voyez la France.

Donnons à cette idée son entier développement.

L'Eglise est née du sang de Jésus-Christ, et le royaume des Francs est né du sang de l'Eglise. La France doit donc vivre de ce sang divin, et lorsque des mains criminelles ont réussi à briser les artères qui unissent la mère à la fille, celle-ci est toujours inévitablement tombée dans la corruption et la défaillance.

La France est la sentinelle placée par Dieu à la porte de son Eglise pour la protéger et la défendre, et c'est pour remplir ce rôle que Dieu avait armé son bras d'une épée si redoutable. Lorsqu'elle cesse de remplir sa fonction, son bras devient faible et sa grande épée se brise. Et quand Dieu l'afflige et l'humilie, quand, pour abattre son orgueil, il révèle au genre humain son incompréhensible défaillance, il ne fait pas seulement une œuvre de justice, il fait surtout une œuvre de miséricorde, parce qu'il veut ramener à son poste cette garde d'honneur qu'il a choisie pour son Eglise.

O logique invincible de la Providence ! En manquant à sa mission de gardienne du pouvoir temporel des Papes, la France posait et consacrait les principes qui devaient la perdre. Elle sapait la première l'édifice de sa grandeur. Elle posait les prémisses dont la Prusse devait tirer les conclusions.

L'unification de l'Italie devait enfanter l'unification de l'Allemagne. L'Alsace et la Lorraine appartenaient au roi de Prusse aux mêmes titres que les Etats du Pape à Victor-Emmanuel, avec cette nuance que le roi de Prusse n'a commis qu'un vol, tandis qu'en dépouillant l'Eglise le roi d'Italie joint le sacrilége au vol.

Permettre à Victor-Emmanuel d'entrer dans Rome, c'était ouvrir les portes de Paris aux deux plus grands ennemis de la France, le Prussien et la Révolution. Le Prussien en est sorti ; mais la Révolution y est restée, et elle restera dans Paris aussi longtemps que la France n'aura pas résolu de la chasser de Rome.

Les mêmes causes produisent partout les mêmes effets, et la France méritait de subir ce qu'elle permettait d'infliger au Pape.

Développons encore ce raisonnement des faits.

Lorsque la France reconnaissait les conquêtes du Piémont à titre de *faits accomplis*, et lorsqu'elle signait cette fameuse convention de septembre 1864 qui dépouillait l'Eglise, elle légitimait le règne de la force. Elle foulait aux pieds le droit public et la justice. Elle niait le droit de la faiblesse et la force de la vertu.

Elle s'inclinait imprudemment devant ce roi implacable qui s'appelle le canon.

Ah ! Elle se croyait forte alors ! Elle se croyait
invincible.

Le nouveau droit—celui du plus fort—dont elle
proclamait la légitimité, elle n'en redoutait pas l'application : n'avait-elle pas des armées innombrables
et des chassepots terribles ?—Le règne de la force,
n'était-ce pas le règne de la France ?—Pourquoi se
serait-elle tant apitoyée sur la mort du droit et de la
justice qu'elle venait d'ensevelir ?—Hélas ! la diplomatie leur fit de trop joyeuses funérailles ; et l'inquié-
tude s'empara bientôt des esprits.

La force étant proclamée reine, il fallut la courtiser
et l'entourer de régiments.   De là ces armements for-
midables qui étonnaient le monde.   De là ce militarisme gigantesque qui s'accroissait dans la même proportion que les discours des congrès de la paix. Il
fallut grever les peuples de nouveaux impôts pour
suffire aux dépenses énormes de cette reine—la Force—
qui avait succédé à la Justice. C'était le commencement du châtiment.   La suite ne se fit pas longtemps
attendre.

Le droit et la justice sont la plupart du temps incon-
testables.   Mais la force ne l'est jamais, et ce sont les
forts qui la contestent. Les deux plus fortes nations de
l'Europe se ruèrent donc l'une sur l'autre, sans autre
but véritable que celui de décider de quel côté était la
force.

Hélas ! le canon Krupp l'emporta.

La France fut broyée sous le char de cette force, dont elle avait acclamé la royauté et fondé l'empire.

Vainement elle invoqua le droit et la justice qui dans le temps de sa gloire combattaient à ses côtés. Les deux auxiliaires d'autrefois étaient morts, et c'est elle qui les avait enterrés en Italie.

Vainement elle proclama le droit du faible, et le devoir des forts de lui porter secours. Les forts demeurèrent sourds à son appel, en vertu du principe de non-intervention, et elle ne comprit pas qu'on la traitait comme elle-même avait traité le Pape.

Pauvre France ! elle fut la première victime des principes désastreux de sa politique en Italie, et les Prussiens avaient depuis longtemps franchi le Rhin, lorsque les Piémontais vinrent camper aux bords du Tibre.

Les malheurs de la France sont donc la plus imposante et en même temps la plus triste des démonstrations en faveur de la souveraineté temporelle des Papes ; et cette démonstration n'est pas finie. La France ne paraît pas comprendre encore. Il lui faut l'évidence : elle l'aura.

Sous le poids des afflictions qui l'accablent, la France succomberait si Dieu ne s'obstinait pas à la sauver. Toute autre nation, subissant les mêmes épreuves, serait irrévocablement perdue. Mais la France, elle, sera sauvée à la condition pourtant qu'elle rétablisse le Souverain-Pontife sur son trône.

De même que sa défaite a été la conséquence de l'abandon de Rome, sa résurrection sera la récompense du rétablissement de Pie IX sur son trône.

L'histoire se répète, et ce que l'on a vu en 1848, se reverra en 1871. Ce qui a donné le trône de France à Napoléon III, c'est une déclaration solennelle en faveur du pouvoir temporel de la Papauté.

Ainsi en sera-t-il encore, et si l'on veut savoir qui va devenir le Souverain de la France, l'on n'a qu'à découvrir lequel des prétendants est le plus dévoué aux intérêts de l'Eglise et des Successeurs de Saint Pierre.

C'est celui-là qui règnera et qui sauvera la France.

II

Il y a dans cette partie du pays que j'habite, sur les bords de la mer, d'immenses blocs de rochers que Dieu semble avoir jetés là comme des bornes à l'océan. Leur apparence, leur forme et leur structure indiquent néanmoins que la mer les entourait jadis et les assaillait de ses tempêtes. Mais aujourd'hui, le terrain d'alluvion qui les entoure empêche les flots d'arriver jusqu'à leurs pieds. Ils n'entendent plus retentir le choc des vagues sur leurs flancs. Ils voient s'étendre à leurs côtés des champs cultivés où les troupeaux s'égarent, où les moissons fleurissent.

Tel a été le travail des siècles et de la mer. A chaque heure, à chaque minute, chaque vague y a apporté son grain de sable. Dans les tempêtes, des flots géants y ont roulé de grandes pierres, et l'on a vu surgir enfin de la mer une terre solide et féconde, où les arbres ont pris racine, où les fleurs se sont épanouies.

Et la mer ne franchit plus cette digue qu'elle a construite elle-même, excepté dans les jours de cataclysme, lorsqu'elle est excitée par l'orage et soulevée par l'attraction combinée de plusieurs planètes.

Ce grand travail de la nature n'est-il pas une image fidèle de l'origine et de la fondation du pouvoir temporel des Papes ?

En arrivant à Rome, saint Pierre s'empara de droit divin d'un premier pied de terre où il planta la croix. Bientôt, il y fut cloué lui-même, la tête en bas, afin que ses cheveux devinssent les racines vivaces de cet arbre sacré.

Employant une autre image, le Sauveur lui avait dit : *Tu es pierre, et sur cette pierre je bâtirai mon Eglise.* Ce roc inébranlable fut donc jeté dans Rome comme une borne à l'océan du paganisme qui inondait le monde !

Pendant des siècles, cette pierre fondamentale fut assaillie par les flots en fureur. Pendant des siècles, les peuples et les rois, les ignorants et les lettrés, les barbares et les nations civilisées vinrent s'y briser comme des vagues impuissantes.

La pierre ne put être arrachée du sol romain et le flot des âges en se retirant y déposa le tribut de ses défaites. Rome cessa d'être la ville des Césars : elle devint la ville de Pierre, la ville du monde chrétien. Tous les peuples y passèrent : un seul y resta, un seul y restera ; c'est le peuple catholique.

Le pouvoir de saint Pierre grandit, et, un jour, le grand empereur Constantin comprit qu'il n'y avait plus de place dans Rome pour sa souveraineté temporelle.

Il abandonna la Ville-Eternelle au Souverain-Pontife qui bientôt y exerça les fonctions de roi.

Ainsi se forma par le travail des siècles la souveraineté pontificale ; et les mêmes flots qui submergeaient et détruisaient les choses du paganisme, agrandissaient et consolidaient le domaine de l'Eglise. Le torrent qui emportait les institutions, les empires et les dieux, roulait autour de Rome les pierres qui devaient lui servir de digue.

Huit siècles s'écoulèrent ainsi, et le géant dont les robustes mains devaient construire le rempart apparut. Docile instrument de la Providence, Charlemagne, le plus grand des empereurs, compléta l'œuvre des siècles, enrichit la Papauté des dépouilles de ses ennemis, et fonda sur des bases inébranlables la royauté temporelle des Papes.

Et c'est ainsi que l'œuvre de Dieu devint l'œuvre des Francs, *Gesta dei per Francos* ; et c'est pourquoi la France qui a affermi et, pour ainsi dire, fondé le pouvoir temporel des Pontifes romains, doit le conserver et doit le reconquérir quand elle l'a laissé perdre.

Depuis lors, la mer des passions humaines se brise en vain sur cette digue—le pouvoir temporel. Elle ne peut la submerger et parvenir jusqu'à la croix qu'aux époques des grandes crises sociales et religieuses, alors que cette marée montante qu'on appelle la Révolution est excitée par la tempête et soulevée par l'action combinée des gouvernements.

Nous traversons une de ces époques douloureuses pour les cœurs catholiques. Le vol et le sacrilège sont à l'ordre du jour, et la souveraineté temporelle des papes est engloutie sous les flots révolutionnaires. Foulant aux pieds la loi naturelle et la loi divine, un roi qui se dit catholique a dépouillé l'Eglise de ses Etats, en employant la fraude et la trahison. Il a fait de Rome une caverne de voleurs, et du Vatican une prison.

Mais ces grandes épreuves de l'Eglise n'auront qu'un temps et la patience de Dieu touche à son terme. La papauté, qui a pu revenir d'Avignon, de Fontainebleau et de Gaëte, ne périra pas dans Rome, près du tombeau des saints Apôtres Pierre et Paul. Elle doit vivre, et elle vivra pour le bonheur de l'Eglise, pour la sécurité des trônes, et pour la liberté des peuples.

Mais pour faire le bonheur de l'Eglise, il faut que le Pape soit libre ; et pour qu'il soit libre, il faut qu'il soit roi temporel. L'indépendance du Souverain-Pontife ne peut être entière sans cela, et l'administration spirituelle de la chrétienté est impossible sans indépendance.

Comme le disait un jour le prince de Metternich, il faut que le Pape soit chez lui ou chez quelqu'un. S'il habite chez quelqu'un, il est au pouvoir de quelqu'un, et l'Eglise n'est plus libre.

Cette vérité est claire comme le soleil, et cependant les rois de l'Europe ne paraissent pas la comprendre. Ils ne comprennent pas non plus ce que l'histoire a tant de fois démontré : que le pouvoir pontifical est l'appui, je pourrais dire le fondement des autres souverainetés. Chaque fois que le trône de Pierre est ébranlé, les autres trônes chancellent ou s'écroulent.

La chute mémorable des deux Napoléon l'a bien démontré, et Victor-Emmanuel le prouvera d'une manière sinistre.

Les peuples n'ont pas plus d'intelligence que les
rois ; et cependant, c'est au maintien de la souveraineté temporelle des papes qu'ils sont redevables de la
liberté. C'est la Papauté qui les a toujours protégés
contre la tyrannie des rois et des empereurs. Derniè-
rement encore, lorsque la Pologne vaincue agonisait
dans les tourments et l'esclavage, le Pape a été le seul
de tous les rois de l'Europe qui ait osé prendre la défense du faible, et flétrir les persécutions sanglantes
du Czar de Russie.

Egalement ennemie du despotisme et de l'anarchie,
la papauté a bien des fois sauvé le monde, et quand
l'Europe favorise la déchéance de ce pouvoir, elle tra-
vaille contre elle-même. Elle mine ses propres fondements, parce que la papauté seule peut maintenir
un sage équilibre entre l'autorité et la liberté.

Si l'Europe ne veut pas périr, il faut qu'elle vive du
christianisme ; et si elle veut vivre du christianisme,
il faut qu'elle garde le Pape, et qu'elle assure sa liberté. Sinon, elle retombera dans la barbarie, et ses
peuples deviendront ce que sont devenues les nations
de l'Asie.

Le Pape est l'instituteur du genre humain, et si son
école est supprimée, nous retournerons au paganisme.

Le monde est un pèlerin qui doit s'acheminer vers
le ciel, mais il n'y a qu'un seul homme qui en possède les clefs, et qui puisse en ouvrir la porte. Si le
monde ne veut plus de cet homme, s'il le persécute et

s'il l'enchaîne, comment le pèlerin pourra-t-il arriver heureusement au terme de sa course !—Hélas ! de tous côtés les abîmes s'ouvriront devant ses pas, et, comme un insensé, il poursuivra sa route les yeux et les oreilles fermés.

X

NOTRE SITUATION.

On me demande ce que je pense de notre situation actuelle comme peuple et quelle sera l'issue de cet état de choses. La question est embarrassante, et sa solution dépend moins de nos hommes d'Etat que de la politique impériale.

Il est évident que nous arrivons à des temps difficiles, et que le sentier dans lequel nous cheminions avec confiance se rétrécit et s'obscurcit singulièrement. L'immense horizon qui s'étendait sous nos yeux est maintenant voilé de gros nuages. De chaque côté de la route apparaissent de profonds abîmes, et l'on ne voit pas bien où nous conduit ce chemin ombreux qui se déroule devant nos pas.

Rien ne paraît certain; et tout semble possible dans l'avenir du Canada français; et c'est en ce moment qu'il convient de jeter les yeux sur la providence des nations. L'espérance est là : elle n'est que là, et je ne m'explique pas l'espoir et la confiance de ceux qui croient que la Providence est un mot vide de sens, et que le hasard est le grand dieu de ce monde.

Faire des prévisions sur notre avenir, sans compter avec la Providence, serait aussi absurde que de nier l'action providentielle dans notre passé. Le hasard et la fortune, a dit Bossuet, sont des mots dont nous couvrons notre ignorance.

Voyons donc ce que la Providence a fait pour la nationalité canadienne-française, et le passé nous instruira de l'avenir.

Il est impossible de nier que c'est la Providence qui a conduit Jacques Cartier sur nos bords, et qui a donné la vie à ce grain de sénevé qui s'appelait la Nouvelle-France.

Personne n'ignore que ce grain de sénevé a été arrosé du sang des martyrs et qu'il y a puisé une sève qui ne tarira jamais. Tout le monde sait qu'un bel arbre est sorti de cette semence, et qu'il a su résister aux vents et aux tempêtes. On disait que cette plante, étiolée et languissante en apparence, n'avait pas jeté de racines dans ce sol d'Amérique, et qu'un souffle étranger l'arracherait. Mais combien de preuves elle a données, depuis, de sa force et de sa vitalité !

La France a versé dans nos veines le plus pur de son sang, et cette glorieuse filiation ne peut pas être inféconde. Profondément religieuse alors, la fille aînée de l'Eglise n'avait d'autre but, en devenant mère, que l'extension de la foi catholique et la conquête d'un nouveau royaume à Jésus-Christ.

Telle a été l'origine de la nationalité canadienne-française, et c'est pour cela qu'elle est inséparable de la foi catholique, et qu'elle ne peut exister sans elle.

Or, ce petit peuple dont la vie est aujourd'hui en question, n'a-t-il pas été, comme le peuple hébreu, l'objet des prédilections divines. Dieu ne l'a-t-il pas guidé par la main à travers les dangers de sa pénible existence ?

Quand la France en délire, ivre d'impiété, a renié sa mère la sainte Eglise et maculé sa face auguste, Dieu n'a-t-il pas arraché de ses bras de marâtre l'enfant qu'elle ne pouvait plus allaiter ? N'a-t-il pas planté sur nos rives le drapeau conservateur d'Albion, pour nous servir de digue contre ce torrent du libérarisme qui inondait le monde ?

Il est vrai que l'Angleterre était dans les mains de la Providence un instrument aveugle, et que nous ne devons pas être reconnaissants envers elle pour ce bienfait involontaire. Il est vrai aussi que ne voyant pas la main bienfaitrice nous ne voulions pas voir le bienfait, mais il n'en est que plus évident que c'est Dieu seul qui nous a conduits loin des citernes empoisonnées où notre première mère allait s'abreuver.

L'Angleterre, elle, avait d'autres desseins, et la nationalité canadienne-française n'était pas ce qu'elle voulait conserver ; mais, grâce encore à la Providence, ses tentatives d'anglification furent vaines. Comme la nationalité juive, que toutes les rigueurs de la captivité n'ont jamais pu détruire, l'élément français a toujours surnagé malgré les flots envahisseurs de l'élément britannique.

Ce qui, dans les calculs humains, devait anéantir la race française, n'a été qu'une épreuve dont elle est sortie victorieuse, et n'a servi qu'à développer sa force et sa fécondité. L'union des deux Canadas, qui devait être son tombeau, n'a été qu'une arène glorieuse où l'enfant est devenu un homme !

Et quand ces frères de lait, devenus également forts, virent qu'ils s'épuisaient en luttes inutiles, ils se donnèrent généreusement la main, et contractèrent une nouvelle alliance avec d'autres frères qui voulurent partager leurs destinées. La confédération fut une révolution, mais une révolution pacifique que les circonstances avaient rendue nécessaire.

L'horizon politique se trouva agrandi, et l'horizon français dissipa ses nuages. L'ancienne Province de Québec, que les gouverneurs français avaient fondée, et que l'on croyait ensevelie pour jamais dans l'oubli le plus complet, se releva radieuse d'espérance et s'achemina librement vers l'accomplissement de ses destinées.

Telle a été la voie que nous avons suivie, et je ne crois pas me tromper en affirmant que notre race a pris ce développement graduel et bien conditionné qui fait les peuples grands. Pendant que les nations de l'Europe se livraient les guerres les plus sanglantes, nous marchions paisiblement à l'ombre du drapeau britannique, les bras tendus vers l'avenir.

Nous avons conservé notre langue, nos lois, nos institutions et la foi de nos pères. Nous avons défriché nos forêts, agrandi nos villes, multiplié nos paroisses, et bâti dans tous les centres importants des églises, des colléges et des couvents.

Notre population est libre, libre de cette bonne liberté qui permet tout le bien et qui proscrit le mal. Elle est plus religieuse que toutes les autres nations du monde, et ses lèvres ne font qu'effleurer cette coupe du libéralisme qui a débordé en Europe et aux Etats-Unis. Plaise à Dieu qu'elle la repousse toujours loin d'elle !

Voilà ce que nous avons été et ce que nous sommes. C'est la Providence qui nous a placés dans ces conditions de vie, et c'est elle qui nous préservera de la mort.

Je l'ai déjà dit, et je le répète : il est impossible que nous n'ayons pas un grand rôle à jouer dans les destinées futures de l'Amérique, et la Providence permettra que nous accomplissions notre fin.

Mais quel sera notre avenir probable ? Et que devons-nons faire dans les circonstances présentes ? Voilà ce qu'il me reste à examiner.

XI

L'ANNEXION.

Après un coup d'œil rapide jeté sur notre passé, j'ai dit que nous avions une mission providentielle à remplir en Amérique. J'ai dit que la nationalité canadienne-française avait son fondement dans la foi catholique et qu'elle ne pouvait subsister sans elle. Ces deux propositions, je pense, ne souffrent aucune contestation, et j'en tire la conclusion logique que le Canada français *doit avant tout* conserver sa foi, et ne pas la traîner dans les voies aventureuses où règne l'impiété.

Je veux bien que le Canada français s'avance à grands pas sur la voie ferrée du progrès matériel, traîné par ces deux grandes locomotives qu'on appelle le commerce et l'industrie. Mais je veux avant tout qu'il ne s'engage jamais hors du chemin que la France catholique lui a tracé.

J'estime très-bon qu'il devienne riche, fort et puissant, mais il est *essentiel* qu'il reste profondément catholique ; et s'il faut pour cela sacrifier le commerce et l'industrie, je le dis énergiquement, sacrifions-les.

Ces prémisses posées, il est à peine nécessaire de déclarer que je repousse l'annexion, comme un danger pour notre foi.

Il est impossible que le contact journalier et permanent de l'impiété et de la corruption américaine ne soit pas funeste à notre population. Il en est de l'ordre moral comme de l'ordre physique : toujours le bon fruit se détériore s'il est environné de fruits gâtés ; toujours l'ivraie finit par étouffer le bon grain.

Lorsque Dieu conduisit le peuple juif dans la terre promise, il lui fit ce commandement exprès :

" Ne faites donc point d'alliance avec les hommes
" de cette terre, de peur que quand ils se seront cor-
" rompus avec leurs dieux, et qu'ils leur auront sa-
" crifié, quelqu'un d'entre eux ne vous appelle à man-
" ger de ce qu'il leur aura immolé.

" Vous ne recevrez point leurs filles pour épouses
" de vos fils, de peur qu'après s'être livrées elles-mê-
" mes à leurs dieux, elles n'engagent vos fils à s'y li-
" vrer eux-mêmes. "

Plus tard, il leur dit encore :

" Prenez garde que votre cœur ne se laisse séduire,
" et que vous n'abandonniez le Seigneur pour servir
" des dieux étrangers et les adorer. "

Nous devons faire notre profit de ces commandements donnés au peuple hébreu, avec lequel nous avons plusieurs points de ressemblance ; ce que le

Seigneur considérait comme un mal et un danger
pour lui, ne peut pas être un bienfait pour nous.

Les Etats-Unis sont prosternés devant des dieux
étrangers que nous ne devons pas adorer, et dont le
culte causerait notre mort. Il y a certains péchés ca-
pitaux dont ils ont fait des divinités, comme les peuples de l'antiquité païenne, et qui n'y manquent pas de
temples. Vénus, qui dans le langage chrétien s'appelle l'impudicité, n'y voit jamais ses autels abandon-
nés, et le dieu de l'argent n'y compte pas un athée.
Le temple immense dans lequel on leur sacrifie s'appelle le matérialisme, matérialisme le plus effréné
que l'on ait vu dans les temps modernes.

Et c'est à ce peuple que l'on voudrait nous unir !
C'est à son bras et dans ses sentiers que l'on voudrait
nous voir marcher ! C'est devant sa déesse Liberté,
mieux nommée la *licence*, que nous devrions plier le
genou !

Eh ! que deviendraient alors notre foi antique et
nos mœurs ? Que deviendraient nos institutions si le
souffle de l'indifférence religieuse y pénétrait ? que
deviendrait notre belle littérature si profondément
empreinte du spiritualisme chrétien ?

Non ; nous ne devons pas courir au-devant de ces
dangers. Séduits par le progrès matériel, comme le
papillon par la lumière d'une lampe, n'allons pas voltiger sur les bords de cet abîme. Attendons que la nécessité nous y jette malgré nous, et nous accepterons
alors le sort que la Providence voudra bien nous faire.

Je ne dis pas : l'annexion, c'est la mort. Mais je
dis : l'annexion, c'est le péril, immense, immédiat,

certain ; péril pour notre foi, péril pour nos institutions, péril pour nos mœurs, péril pour ce que j'ap-
pellerai notre *spiritualité !* Fuyons tous ces périls, lors
même que nous aurions quelque espérance d'y échapper, grâce à la vitalité nationale.

Notre peuple est *un* : n'allons pas exposer son unité
dans cet immense caravansérail de peuples si divers
par le caractère, par les mœurs et par la religion.
Notre peuple est essentiellement religieux ; n'allons
pas le plonger dans ce vaste océan d'indifférence où
flotte la nation yankee. Quoique conservateur, notre
peuple a des tendances libérales ; n'allons pas le jeter
dans les bras du libéralisme américain, où toutes les
fausses doctrines vont s'abriter du manteau de la
déesse Liberté !

Et ce progrès matériel après lequel on soupire, est-
on d'ailleurs bien sûr de l'atteindre dans l'annexion ?
—Cette prospérité que l'on nous promet, ne pourrait-
elle pas être un rêve, une illusion ? Cet Eden où doivent se trouver tant de merveilles, quand me prouve-
ra-t-on que les fruits n'en seront pas empoisonnés ?

Je voyageais l'autre jour au milieu des Laurentides.
Tantôt je gravissais des sommets escarpés, et tantôt je
descendais dans la profondeur des ravins. Sur le
terroir des vallées comme sur le roc des promon-
toires, de blanches maisonnettes apparaissaient à nos
regards, et de vastes champs cultivés s'étendaient sous
nos pas. De ci et de là descendaient des montagnes de
larges filets d'eau qu'aucun travail humain ne gênait
dans leur course, et qui s'élançaient en sautillant de

rochers en rochers vers cette immensité de l'océan dont la splendeur les attirait.

En face de cette terre montagneuse et bouleversée, qui semble absolument inculte, et que l'homme a néanmoins défrichée, à côté de ces pouvoirs d'eau qui murmurent sous sa main et qu'il a laissés inexploités, je me suis dit que notre peuple est essentiellement agriculteur et colonisateur, mais *pas encore* industriel. Je dis *pas encore ;* car je ne désespère pas qu'il le devienne.

Or, s'il est vrai que le peuple canadien est né cultivateur et colon, et que c'est dans l'agriculture qu'il doit trouver le fondement de sa prospérité matérielle, à quoi veut-on que l'annexion lui soit utile ? Comment l'annexion pourrait-elle perfectionner, développer et favoriser l'agriculture plus que le régime politique actuel ?

Mais, me dira-t-on, ces pouvoirs d'eau que vous avez vus inexploités, l'annexion en favorisera l'exploitation, et vous verrez grandir l'industrie.

Je réponds que si le peuple canadien n'a pas encore le génie industriel, ce n'est pas l'annexion qui le lui donnera. Si donc ces pouvoirs d'eau et toutes les forces naturelles dont notre pays dispose sont exploités, ils le seront par des yankees, et alors où sera l'avantage ? D'agriculteur le canadien deviendra ouvrier dans une manufacture, et je ne crois pas que la transition soit un progrès.

Peut-être verra-t-on dans tous les coins du pays s'élever des manufactures, et des familles d'ouvriers se grouper autour, mais les terres seront abandonnées, et l'agriculture souffrira.

La moralité y gagnera-t-elle ?—Qui osera soutenir l'affirmative ?—Ah ! parlez-moi d'un peuple qui se groupe autour de son église, mais non de celui qui croupit dans l'air empesté des usines ! Le point de ralliement du peuple, le vrai centre de la paroisse, c'est l'église, et non la manufacture. Demandez à l'histoire où sont la vie et la force véritables du peuple français, et l'histoire catholique vous répondra qu'elles résident dans le peuple agriculteur et non dans le manufacturier : car c'est celui-là qui prie Dieu et qui aime l'Eglise !

Donc, il est plus que douteux que nous puissions trouver dans l'annexion le bonheur que l'on rêve et il est incontestable que notre foi, nos mœurs et nos institutions y seraient environnées de périls.

XII

L'indépendance du Canada ! A ce seul mot on eût bien souri il y a quelques années. Et maintenant des esprits sérieux en font le premier mot de leur programme. Ils l'offrent au peuple canadien comme la panacée infaillible qui le guérira de bien des misères. Ils la déroulent à nos regards comme une route fleurie, un panorama superbe, où n'apparaissent aucuns précipices.

L'indépendance, c'est un grand mot, un mot magique pour les jeunes peuples ; et, si j'en croyais la réalisation possible sans dangers, je me rallierais aux partisans de l'indépendance. Mais quand je repousse l'annexion comme un immense péril, je ne puis pas

entrer de bon cœur dans un chemin qui paraît y conduire.

Or, dans les circonstances actuelles, serions-nous
bien sûrs de fonder l'indépendance sur des bases
durables? L'indépendance ne serait-elle pas le premier acte d'un drame dont l'annexion serait le second?
Sommes-nous assez forts, et le vaisseau de la confédération est-il suffisamment armé, pour que nous
puissions mettre à la voile en toute sécurité sur le
vaste océan des nations?—Dieu seul qui connait
l'avenir peut répondre sûrement à ces questions.
Mais autant qu'il est donné à la faible intelligence de
l'homme de prévoir les conséquences des événements
politiques, nous pouvons dire que, dans nos prévisions, une déclaration d'indépendance serait pré-
maturée.

Nous avons bien tout ce qui constitue une nationalité forte et vivace. Nous possédons plus d'éléments nationaux que les Etats-Unis, et nous méritons
mieux qu'eux le nom de peuple. Mais la force
matérielle nous manque ; et, laissés à nous-mêmes,
nous serions impuissants contre les armées américaines dans le cas d'un conflit.

Mais alors, me dira-t-on, que voulez-vous?—Vous
repoussez l'annexion et vous ne voulez pas l'indépendance ; voyez-vous une autre issue qui nous soit
ouverte ?

Ce que je veux, pour le moment, c'est le *statu quo*,
et ma politique est toute d'expectative.

Je sais qu'il y a en Angleterre un parti anti-colonial
très-puissant, et je n'ignore pas que la politique ac-

tuelle du gouvernement n'est guère favorable aux
colonies. Mais je ne puis croire que le but de cette
hostilité soit de rompre le lien colonial. On veut
diminuer autant que possible les charges que les
colonies imposent à la mère-patrie, mais non pas
opérer une séparation. Et lorsque le gouvernement
du Canada aura fait ses représentations au gouvernement de Sa Majesté, je ne puis pas croire que celui-ci
nous signifie notre congé.

Il nous répondra qu'il veut laisser à nous seuls les
charges de notre police intérieure et réduire autant
que possible les frais d'entretien d'une force militaire
dans la colonie, mais qu'il sacrifiera, pour nous
défendre contre nos puissants voisins, et ses deniers et
ses soldats.

Voilà du moins ce qu'il devra répondre, s'il a
encore quelque souci de ses intérêts coloniaux. Voilà
ce qu'il devra répondre, s'il ne veut pas renier son
passé et abdiquer à la fois ce qui a fait son honneur
et sa force. Voilà ce qu'il devra répondre, s'il veut
conserver à sa marine l'empire des mers.

Protéger, défendre et soutenir le Canada n'est pas
seulement de l'intérêt de l'Angleterre ; mais c'est
aussi l'intérêt de l'Europe. L'équilibre de l'Europe
n'est pas tout-à-fait indépendant de l'équilibre américain, et il n'est pas inutile à celui-là que celui-ci ne
soit pas rompu.

L'Europe a fait la guerre de Crimée pour empêcher
l'agrandissement de la Russie. Le géant du nord lui
portait ombrage et l'on prévoyait l'heure où les
peuples slaves inonderaient l'Europe. Comme elle

avait défendu la Crimée, l'Europe aurait dû défendre la Pologne. Elle ne l'a pas voulu. Mais la loi de l'équilibre n'en est pas moins admise par toutes les nations européennes, et c'est parce que la Prusse veut fouler aux pieds cette loi des nations que la France lui a déclaré la guerre.

Eh ! bien, il est de l'intérêt de l'Europe de faire aussi respecter cette loi en Amérique ; sinon, les Etats-Unis s'agrandiront outre mesure, et à un moment donné, ils jetteront le poids de leur épée dans la balance des destinées européennes.

Or, il est bien évident que si l'Angleterre abandonne ses loyales colonies d'Amérique, et si elles sont absorbées par la grande république américaiue, il est bien évident que l'équilibre du nouveau-monde est rompu.

L'Amérique du Nord devient alors un formidable colosse, qui, un jour, tendra sa main par-dessus les mers au géant du Nord de l'Europe et l'appesantira lourdement sur l'ancien continent.

L'Angleterre, la France et l'Espagne sont particulièrement intéressées à ce que ce colosse ne s'élève jamais. Toutes trois ont été pendant de longues années maîtresses d'une grande partie de l'Amérique. L'Angleterre y possède encore une immense étendue de pays. L'Espagne a conservé Cuba. Il n'y a pas longtemps que la France y fondait un empire.

Le Mexique était précisément fondé en vue de l'équilibre américain, et si la France avait été secondée dans le généreux dessein qui l'animait, nous y aurions trouvé le salut, et l'Europe sa sécurité future.

Malheureusement, l'Angleterre, qui aurait dû prêter main-forte àl a France quand elle a voulu intervenir dans les affaires américaines, a toujours préféré se tenir à l'écart, et l'union américaine un moment dissoute a été reconstituée.

Si la mère-patrie allait aujourd'hui abandonner le Canada, ce serait le couronnement de la politique désastreuse qu'elle a appliquée à l'Amérique depuis quelques années, et elle serait la première victime de sa faute. C'est pour elle surtout que l'agrandissement des Etats-Uuis est une menace et un danger, et si jamais ceux-ci devenaient la première puissance maritime du monde, quel serait l'avenir de l'Angleterre ? Alors peut-être sonnerait pour elle l'heure que Donoso Cortès a prédite, lorsqu'il s'écriait, dans son magnifique discours sur la situation générale de l'Europe : " L'immense empire britannique croulera, tombant " par morceaux, et le lugubre fracas de sa chute et sa " longue plainte retentiront jusqu'aux pôles. "

Non, l'Angleterre ne doit pas abandonner le Canada, et tant qu'elle n'en aura pas fait la déclaration solennelle, je ne croirai pas qu'elle puisse commettre une pareille faute. C'est pourquoi j'ai dit que ma politique est toute d'expectative, et que je suis partisan du *statu quo*.

Je fais maintenant un pas de plus, el je suppose que l'abandon du Canada soit une chose accomplie ou du moins décidée. Que devrons-nous faire alors ?—Dans laquelle des deux voies, de l'indépendance ou de l'annexion, devrons-nous entrer ?

Pour ma part, suivant l'habitude que j'ai contractée de ne pas déguiser ma pensée, je déclare franchement que je préfère l'indépendance à l'annexion, et qu'avant d'accepter le joug américain, je voudrais faire un essai d'indépendance.

Qui sait? Avant qu'aucun conflit ne survînt de la part de sa voisine républicaine, la monarchie canadienne aurait peut-être le temps de se consolider. Elle pourrait se faire des alliés, et peut-être même s'assurer le protectorat de la France et de l'Angleterre. Ce serait un moyen pour elles de réparer les fautes commises, et de tenir en échec une puissance qui les menacerait.

Il en est d'ailleurs des peuples comme des individus. Il y a place au soleil pour les petits et les faibles, pour les riches et les pauvres; et il arrive souvent que les petites fortunes sont mieux assises que les grandes.

Voyez ces deux arbres qui s'élèvent au versant d'une colline. L'un dresse un front altier qui domine l'horizon, et tend de tous côtés des bras gigantesques. Il est grand, il est fort et la sève circule à flots dans ses larges veines.

L'autre est petit, grêle et souffrant. Ses rameaux sont faibles et rares, et le mouvement de la sève, qui est néanmoins abondante, est plus lent et moins visible à la surface.

Mais voici l'orage qui gronde dans le lointain. Un lourd nuage gravit en tournoyant les hauteurs du ciel, et le vent souffle avec fureur. Bientôt la tempête se déchaîne et la trombe impétueuse court et mugit à travers la campagne. Elle ébranle la colline, et sous

ses coups redoublés le gros arbre craque, se tord et
s'affaisse, tandis que l'arbrisseau courbe et relève sous
les efforts du vent ses branches flexibles et vivantes.

Ainsi en est-il souvent des peuples, et l'on a vu des
nations puissantes s'affaisser et mourir sous le vent des
révolutions, tandis qu'à leurs côtés des petits peuples
coulaient paisiblement de longs jours.

Je termine ici cet examen de la situation du Canada,
et je répète ce que je disais en commençant, que la
Providence est le refuge de notre espérance. Nous
raisonnons en hommes, mais Elle agit en Dieu, et ce
qu'Elle permettra sera pour notre plus grand bien.
Quoiqu'il arrive, acceptons tout de sa main comme
un bienfait qui nous rendra heureux, ou comme une
épreuve qui nous fortifiera.

XIII

DE L'ÉMIGRATION.

Le sujet de ma dernière causerie m'amène tout naturellement à dire un mot de l'émigration de nos compatriotes aux Etats-Unis. Cette question a été longuement débattue dans les journaux et dans les chambres, et tous ceux qu'intéresse la chose publique ont déploré cet abandon de la patrie et ont cherché les moyens d'y remédier. Ils avaient sans doute raison, et je déplore comme tout le monde ce triste état de choses, qui nuit tant à l'accroissement du Canada français.

Néanmoins, tout pessimiste qu'on pourrait me croire, j'aime à trouver dans les choses qui affligent un bon côté qui console, et je crois entrevoir dans l'émigration un résultat consolant, lequel pour être lointain n'en est pas moins vraisemblable. Sans vou-

loir poser en prophète, je veux communiquer à mes
lecteurs ce que j'appelle mes espérances, et ce qu'ils
appelleront peut-être mes illusions à ce sujet. Personne, que je sache, n'a encore abordé cette face nouvelle de la question.

J'ai toujours eu et j'ai encore une foi aveugle
dans la nationalité canadienne-française. Je crois à
sa vitalité et à sa force, parce que je crois à la vitalité
des éléments qui la composent. Quoiqu'en petit
nombre, nous sommes un peuple, et non-seulement
j'ai la ferme conviction que ce peuple vivra, mais
je le crois appelé à jouer un grand rôle dans la
civilisation américaine. Tout dans l'histoire de notre
origine, jusqu'aux circonstances les plus minutieuses,
jusqu'aux événements les plus fortuits en apparence,
jusqu'aux obstacles qu'il nous a fallu renverser,
démontre que nous avons une mission à remplir dans
ce continent que la Foi catholique a découvert. Fils
de la France et de l'Eglise, il me semble que nous
sommes destinés à prendre en Amérique la place que
la France a occupée en Europe. Ceux qui n'am-
bitionnent que le progrès matériel, les adorateurs du
veau d'or, se moqueront de cette prétention. Quand
on croit à la toute-puissance de la richesse et du
nombre, il est bien naturel qu'on ne songe pas au
triomphe possible des idées et de leur influence ; et
alors, comment croire que cette petite nation, qui
compte un million d'hommes, puisse jamais acquérir
une influence prépondérante dans cette immense
agglomération de peuples qui couvrent l'Amérique
Septentrionale ? Mais, pour ma part, je ne puis

croire qu'une nation puisse jamais parvenir à la
véritable grandeur par les voies du matérialisme, et
voilà pourquoi j'entretiens l'espérance que notre
race si spiritualiste et si religieuse acquerra dans
l'avenir la prépondérance qui lui appartient sur ce
continent. Voilà pourquoi, aussi, l'émigration me
paraît être un moyen dont la Providence se sert pour
l'accroissement futur de notre influence, et l'accomplissement de nos destinées.

Le rôle du missionnaire est d'évangéliser et de
civiliser ; et c'est la mission en Amérique du Canadien-français, dont les pères ont quitté la France dans
ce double but. Nous sommes donc un peuple missionnaire, et je crois que l'émigration, toute déplorable qu'elle puisse être dans ses conséquences immé-
diates, servira les desseins de la Providence, qui semble
nous avoir évidemment préposés à cette double fin
évangélisatrice et *civilisatrice*.

Je sais que nos malheureux compatriotes sont ex-
posés à perdre la foi et la perdent le plus souvent
sur la terre étrangère. Mais sous la cendre de
l'oubli il reste toujours au fond de leurs cœurs un
feu latent dont le moindre souffle peut réveiller
l'ardeur. Aussi, quand les prêtres canadiens sont
apparus au milieu d'eux, avec quel enthousiasme
et avec quel bonheur ils les ont accueillis ! La plainte
de l'exilé, le cantique de la douleur, *Super flumina
Babylonis*, a été interrompu, et des chants d'allégresse se sont fait entendre. Tous se sont groupés
autour du prêtre, comme des enfants autour de
leur père, avides d'entendre de cette bouche vénérée

ces paroles d'amour et d'espérance dont leur enfance
a été bercée. Au premier rayon de cette lumière
divine qu'ils ont cessé de contempler, les ténèbres ont
été dissipées, et leurs âmes ont recommencé cette vie
surnaturelle qui les unit à Dieu.

Voici donc ce que mon rêve me laisse entrevoir
dans un avenir plus ou moins éloigné. Je vois des
Canadiens-français se groupant et s'agglomérant sur
tous les points des Etats-Unis, y construisant des villages et y fondant des villes. Je vois nos autorités ecclésiastiques députant des prêtres, des pères à ces
pauvres enfants prodigues, et les ramenant dans les
bras de leur père qui est dans les cieux. Et comme la
vérité a quelque chose du rayonnement du soleil, je
vois la lumière évangélique jaillissant de ces différents
foyers et illuminant l'horizon.

Déjà l'œuvre est commencée et elle se continuera.
Nos missionnaires répandent çà et là la divine semence, et les églises catholiques élevant leurs têtes
majestueuses se regardent par-dessus les montagnes.

Déjà les servantes de Dieu en Canada ont jeté dans
ces contrées lointaines les fondations de couvents magnifiques d'où sortira une autre pépinière d'apôtres ;
et la Foi catholique, servie par ce double ministère de
la religieuse et du prêtre, étendra invinciblement ses
conquêtes.

La croix que nos pères ont plantée sur les bords du
Mississipi a été arrachée ; mais cet arbre céleste y a
laissé des racines qui sortiront de terre et fleuriront
de nouveau. Quoique couvert d'ivraie, le sol américain est propre à cette divine floraison. Le grand

obstacle au triomphe de la vérité, c'est le fanatisme.
Or, la liberté excessive dont nos voisins jouissent a du
moins eu cet avantage, qu'elle y a éteint le fanatisme
religieux. Le protestantisme, à force d'être tolérant
et libéral, y a fait place à l'indifférence la plus complète ; et M. l'abbé Colin me disait, il y a quelques
mois, qu'il avait rencontré aux Etats-Unis une foule
de gens qui lui avaient fait cette déclaration sincère :
Nous sommes protestants de nom, mais en réalité nous
n'avons aucune religion. Aussi, ajoutait l'illustre
orateur, chacune de nos prédications réunissąit toujours un auditoire nombreux composé en grande partie de protestants, et le vide se faisait autour des chaires protestantes.

Cet état de choses conduirait donc une partie du
peuple américain au catholicisme, si la prédication
évangélique y réunissait un plus grand nombre de
missionnaires. Avec la force d'expansion dont elle
est douée, la foi y germerait infailliblement ; et qui
ne comprend que notre influence nationale grandirait,
si l'on voyait une partie du sol américain se couvrir
d'autels catholiques ? A cette puissance que le mouvement religieux aux Etats-Unis nous apporterait, qu'on
veuille bien joindre maintenant la force morale que
nous puiserons nécessairement dans le mouvement intellectuel et littéraire qui se manifeste ici d'une manière si remarquable, et l'on avouera que mes espérances ne sont peut-être pas chimériques.

L'intelligence et la foi sont les deux grandes puissances de ce monde, et elles sont très-certainement les
deux attributs caractéristiques de notre peuple. C'est

par elles que nous acquerrons la prépondérance qui nous appartient dans les affaires politiques et religieuses de l'Amérique. Cultiver, féconder cette intelligence de notre peuple, et propager la foi catholique non-seulement dans les déserts du Nord-Ouest, mais encore sur les rives du Mississipi, voilà notre mission et le secret de notre future grandeur. Or, il me semble que l'émigration favorisera la diffusion de notre Foi, comme la dispersion du peuple juif dans l'univers a favorisé la propagation de l'Evangile.

Est-ce à dire que nous ne devons pas combattre cette tendance de nos compatriotes à chercher fortune en pays étranger ?—Non, telle n'est pas ma pensée ; la sagesse et la prudence humaines exigent que nous nous efforcions d'arrêter ce courant. Mais si nos efforts sont vains, et si le torrent déborde, je dis qu'il faut y voir un dessein providentiel ; et au lieu de s'affliger outre mesure et de croire à la ruine inévitable de notre nationalité, il faut regarder plus haut et plus loin, et se convaincre que Dieu, qui prend soin de la forêt et du brin d'herbe, des grands empires et des petits peuples, saura faire servir à notre grandeur et à notre gloire ce qui, suivant les calculs humains, devrait causer notre perte et notre honte !

" ment le siècle et les générations ; il trahit à la fois
" sa dignité et sa mission, qui est de servir, de défen-
" dre et de propager non pas seulement les traditions
" immuables, mais le mouvement novateur et ascen-
" dant de l'esprit humain. S'il lui résiste, au contrai-
" re, il opprime, il restreint, il contredit, il violente
" l'enseignement religieux de l'Église ; il altère sa
" foi, et par là même il nuit à sa puissance sur les
" consciences et à son efficacité sur les mœurs......
" L'équilibre ne peut exister..... Dans le contrat, il
" y a toujours l'un des deux qui l'emporte. Si c'est
" l'Etat, il subordonne et contraint l'Église. Si c'est
" l'Église, elle possède l'Etat et par l'Etat la société.
" La civilisation qui s'est confiée pour se développer
" et marcher à un pouvoir tout humain et mobile
" comme elle, se réveille enchaînée à l'autel immobile
" du prêtre : ou elle cesse de marcher, ou elle marche
" en arrière."

La conclusion est facile à tirer, et c'est la solution de
M. de Lamartine : séparation complète de l'Église et
de l'Etat, indépendance absolue de la raison de toute
autorité, liberté sans limites de tous les cultes possibles.
" La paix, s'écrie l'orateur, n'est que dans la liberté.
" La dignité, l'indépendance de l'Etat ne sont que
" dans la liberté ; la loi efficace n'est que dans la
" liberté ; la civilisation agissante n'est que dans la
" liberté...... La terre est assez vaste pour que tous
" ceux qui veulent adorer Dieu dans tous les rites,
" puissent s'agenouiller devant lui sans se coudoyer et
" et sans se haïr."

[1] Après tout ce bruit de cymbales, M. de Lamartine

croît que tout est désormais réglé. Il n'y a plus qu'à mettre en pratique sa magnifique théorie, et tout ira pour le mieux dans le meilleur des mondes. Le pauvre homme ! Il ne s'aperçoit pas que sa thèse est un rêve, et que ce rêve est impie.

Prêcher la séparation de l'Église et de l'État, c'est prêcher une doctrine impie, maintes fois condamnée par l'Église, et c'est demander l'impossible. L'union de l'Église et de l'État n'est pas une société commerciale, qui peut être dissoute par la volonté d'un seul des contractants. L'État a beau vouloir cette séparation, l'Église n'y consentira jamais. Il y a entre eux mariage indissoluble, qui durera aussi longtemps que le monde. Bien loin de se séparer, il faut qu'ils vivent unis dans l'amour et dans la paix. Et comme l'Église est d'institution divine, comme sa doctrine est immuable et éternelle, comme elle ne peut permettre aux peuples de transgresser ses divins commandements, il faut que l'État accepte sa suprématie. Sinon, il y aura lutte inévitable, l'Église ne pouvant pas abdiquer ni méconnaître sa mission.

L'Église a été chargée de la conduite du monde. Elle ne peut pas, elle ne doit pas l'abandonner à ses instincts pervers et le laisser jouir d'une liberté sans frein. Il faut qu'elle use de sa divine autorité, pour que la liberté des États n'exerce son action que dans les vastes limites du bien.

Il y a dans le système du monde deux forces opposées qui mettent tout en mouvement, la force centrifuge et la force centripète. Les corps célestes obéissent à ces deux forces en gravitant autour d'un centre qui

XIV

L'AVENIR DES ETATS-UNIS.

J'exprimais, l'autre jour, l'espérance que l'avenir verrait s'opérer aux Etats-Unis un grand mouvement religieux, et que le Canada français était peut-être l'instrument dont la Providence se servirait pour atteindre cette fin. J'ajoute aujourd'hui que la conversion des Etats-Unis au catholicisme sera leur salut et la condition de leur grandeur.

Pour se convaincre de la vérité de cet avancé, il suffit d'examiner un peu ce que sont aujourd'hui nos voisins, et les qualités qui leur manquent pour devenir un grand peuple. Au premier coup d'œil jeté sur cette nation, il est facile de voir qu'elle manque de

5

cette unité qui est la condition indispensable de la vie des peuples. Il y a chez elle diversité de races, de langues, de lois, de mœurs, de coutumes et de religions, et tous ces éléments hétérogènes n'y sont réunis par aucune chaîne commune.

A proprement parler, les Etats-Unis ne sont pas une *patrie* pour la plus grande partie de leurs habitants. C'est une immense hôtellerie où de nombreuses caravanes de peuples sont venues prendre un billet de logement. L'accroissement de ce pays a été désordonné et contre nature. Il a grandi en dehors de toutes les lois ordinaires. Il s'est multiplié, par l'immigration, en dehors des proportions équitables, et la race née sur ce sol a été, en quelque sorte, noyée dans ces flots étrangers qui ont débordé.

Tout ce qui existe est soumis à des lois ; toutes les lois de la nature se lient et s'enchaînent d'une manière admirable, et il arrive souvent qu'elles sont les mêmes dans l'ordre moral. Voyez cette plante où la sève circule et qui parait pleine de vigueur ; doublez et triplez la chaleur qui lui est nécessaire, arrosez-la dans la même proportion, et vous la verrez grandir démesurément, mais sa tige sera grêle et sa fleur étiolée. Il en est de même des individus et des peuples. Il faut qu'ils croissent naturellement, et dans la période de temps que cette croissance requiert. Autrement l'équilibre est rompu, et la nation n'acquiert pas la virilité et la vigueur qui assurent son existence.

Le peuple américain est l'un des plus grands par son commerce et son industrie ; mais hors de là qu'est-il ?—Les intérêts commerciaux et industriels peuvent-ils devenir un lien entre les différentes races qui composent ce peuple ?—Je ne le crois pas ; il est impossible que ce lien commercial soit durable et fort ; je crois même que cet immense déploiement de ressources matérielles enfantera l'égoïsme le plus universel, et le plus fatal aux liens sociaux. Le patriotisme est bientôt mort lorsque l'individu ne songe qu'à faire fortune, et l'égoïsme est le plus grand dissolvant des institutions populaires.

Montesquieu, parlant des gouvernements républicains et des monarchies, dit que dans celles-ci la force des lois règle ou contient tout, mais que dans ceux-là il faut un ressort de plus, qui est la *vertu*. Or, je ne crois pas calomnier nos voisins en affirmant que ce diamant, la vertu, ne brille pas à leur couronne ; et c'est pourquoi ce peuple n'est pas véritablement civilisé. C'est un géant dont le tronc est énorme, dont les membres sont immenses, mais dont la tête est trop petite, et sur ce front disproportionné je ne vois pas luire la double auréole de la science et de la vertu. Il y a eu chez lui activité sociale au profit matériel de l'individu ; mais il n'y a pas eu cette activité individuelle qui perfectionne l'homme. La condition extérieure de l'homme s'y est peut-être améliorée (encore faudrait-il ici faire des réserves) ; mais l'homme intérieur a été complètement négligé. Il y a eu progrès de tout ce qui entourait l'homme, et déchéance de l'homme lui-même.

Comme les individus, les nations sont un composé de ces deux éléments qui se disputent l'empire du

monde, la matière et l'esprit. Suivant l'ordre établi
par Dieu, il faut que la matière soit l'humble servante de l'esprit, comme le corps doit être le
serviteur de l'âme. Si cette proposition est renversée, et si l'élément matériel domine, il y a
désordre social. Les sciences, les arts et les lettres,
les mœurs et les croyances religieuses constituent
ce qu'on pourrait appeler l'âme de la nation, et,
pour arriver à la véritable grandeur, il faut que
la nation développe cette âme et la perfectionne;
en d'autres termes, il faut qu'elle devienne savante
et vertueuse.

Or, la chose est indéniable, les américains ont
négligé ce progrès. Ils ont fait de grandes conquêtes
matérielles; mais les conquêtes intellectuelles et
religieuses ont été mises en oubli. L'esprit s'est
courbé devant la matière; le corps a absorbé l'âme,
et ce peuple n'a pas su réunir ces deux éléments
inséparables de toute civilisation que M. Guizot
appelle le progrès de la société et le progrès de
l'humanité.

Il y a donc chez nos voisins deux grands vices de
constitution, le manque d'unité et l'absence de vertu,
et ces deux grands vices y causeront d'effrayants cata-
clysmes, si la foi catholique n'y apporte un remède.
Je vois sourire les admirateurs de la république, et je
les entends m'accabler de métaphores pour me représenter plus vivement sa condition si florissante et si
prospère. Mais je me défie de certaines apparences,
et je ne puis croire à la solidité d'une prospérité mal
assise.

Jetez un regard sur cette montagne dont les flancs renferment un volcan qui sommeille. La végétation la plus luxuriante la couvre de ses richesses ; les gazons et les buissons en fleur y déploient leurs tapis ; les oiseaux chantent et voltigent dans les bocages, et le cratère semble fermer ses lèvres souriantes. Mais, dans son sein s'amassent des fluides embrasés, et tout-à-coup la montagne tressaille et vomit un torrent de laves et de feux qui inonde et détruit les bosquets et les fleurs.

Le peuple américain a cet aspect du volcan endormi. Il se développe et s'enrichit à vue d'œil ; il est prospère et calme à sa surface ; mais dans son sein germent et grandissent des ferments de discorde et de haine. Déjà une première explosion s'est produite ; et il a fallu quatre ans pour l'apaiser, ou plutôt pour l'ajourner. La discorde gronde encore sourdement et grandit, et quand de nouveaux aliments seront jetés dans cette fournaise, l'incendie éclatera et s'éteindra dans les ruines.

Joignez à ces dissensions assoupies, les inimitiés que les différences d'origine, de religion et d'intérêts commerciaux ont déjà créées ; mesurez la profondeur de la corruption des mœurs dans ce pays où règne le divorce ; ajoutez-y le mépris des lois et de toute autorité, et jugez s'il est possible, sans un remède souverain, que cette nation n'arrive pas à la dissolution et à l'anarchie.

La foi catholique seule assainira ce pays et le sauvera des catastrophes. Elle seule réunira sous ses ailes tous ces éléments disparates qui le composent, et lui donnera cette unité qui fait la force des nations. Elle seule saura y combattre efficacement les vices qui le corrompent, et jeter dans son sein la semence salutaire de la vertu. Elle seule lui fera comprendre que c'est l'esprit plutôt que la matière qu'il faut perfectionner, et le fera marcher dans les voies du progrès intellectuel et religieux.

Elle sera la main qui dirigera son activité, la sagesse qui règlera sa force, et le flambeau qui lui montrera l'écueil contre lequel tant de nations vont se briser.

XV

DU LIBÉRALISME EN CANADA.

Après avoir parlé de la république américaine, il est naturel de dire un mot de ses amis en Canada. De l'objet aimé à l'amant la transition est à peine sensible.

Hélàs ! oui, tout laid qu'il soit, le yankee est une idole devant laquelle plusieurs de nos compatriotes se prosternent. C'est le type qu'ils admirent, l'idéal qu'ils entrevoient dans leurs rêves, le modèle qu'ils s'efforcent de copier. S'ils étaient parfaitement sûrs que Dieu a créé l'homme à son image et à sa ressemblance, ils affirmeraient qu'Adam était yankee, tant il est vrai qu'à leurs yeux le yankee est l'homme parfait.

Va sans dire que je parle ici d'Adam après sa chute ; car avant sa chute, il ne méritait guère l'admiration de l'école libérale. Il était le crédule esclave de la révélation, le sujet servile de l'autorité divine, et il acceptait les enseignements de Dieu sans les juger au tribunal de sa raison. Lui, le chef du pouvoir civil, il admettait la prépondérance du pouvoir religieux. Il reconnaissait niaisement sa condition subalterne, et la subordination de ses droits civils au *droit divin*. En un mot, c'était un arriéré qui n'avait connu ni Luther, ni Voltaire, ces deux grands émancipateurs de la raison humaine.

Survint heureusement le serpent, qui était plus philosophe que Voltaire et un parleur des plus habiles. Aidé de la femme, qui a aussi son éloquence, il glissa dans l'oreille d'Adam les mots de liberté et d'indépendance, et lui fit bientôt comprendre qu'il fallait affranchir son esprit de toute contrainte et y laisser pénétrer les lumières de la science du bien et du mal.

Adam, flatté dans son orgueil, fut séduit et secoua le joug. C'est cet Adam que le libéralisme doit applaudir. Il s'est révolté contre l'intolérance religieuse et contre un précepte que sa raison n'admettait pas. Il a fait acte de courage et d'indépendance, et il s'est sacrifié pour l'émancipation de l'intelligence humaine. Il savait qu'il serait persécuté ; néanmoins il a méprisé l'omnipotence théocratique, et dessillé les yeux de l'humanité.

L'homme parfait aux yeux des libéraux doit donc être cet Adam, sortant des mains de Dieu plein de jeunesse, de beauté, de force et d'intelligence, et secouant les chaînes du *droit divin* pour s'élancer dans la carrière libre du [progrès ; et c'est ainsi que le peuple modèle doit aussi leur apparaître. Ce peuple sans égal, dont ils se font les apologistes, méconnaît aussi les dogmes religieux, rejette la révélation, et admet la souveraineté de la raison humaine. Est-il étonnant qu'il soit devenu le fétiche de nos libéraux canadiens-français.

Il faut rendre cette justice aux canadiens-anglais : ils sont moins enclins à donner dans le libéralisme. Leur instinct conservateur les avertit que les principes libéraux sont subversifs de l'ordre social. Ils n'ont pas non plus cet enthousiasme de la race française pour la liberté illimitée, enthousiasme qui devient un délire.

Aussi, le foyer du libéralisme dans le monde c'est Paris. C'est de là que cette grande hérésie étend ses ramifications dans tout l'univers, et ses adeptes, il faut en convenir, sont innombrables.

La déesse la plus honorée par l'antiquité païenne était Vénus, et c'est à Cythère qu'elle recevait le plus d'hommages.

Celle que le monde actuel adore est la Liberté, et c'est à Paris qu'elle s'est vu élever le plus d'autels. Au reste, le culte de l'une ne nuit pas à celui de l'autre dans la capitale du monde civilisé, et l'on peut imaginer les maux que cette double idolâtrie engendre.

Le libéralisme en Canada a son centre à Montréal. C'est là que se sont groupés les plus fervents adorateurs de la déesse Liberté, et qu'ils lui ont élevé un temple, l'Institut-Canadien ! La tribune de l'Institut est le trépied sacré d'où ses pontifes rendent leurs oracles,

et le *Pays* est l'écho fidèle qui répète au loin les enseignements de la déesse.

Pourtant, cet écho est souvent affaibli, et l'on dirait
qu'il lui répugne quelquefois de reproduire les accents
hardis des oracles. On sent qu'il est la voix d'un
parti politique, et qu'il y a là des intérêts qu'il ne faut
pas compromettre. Il tient à paraître catholique ;
mais il serait fâché de l'être. Il s'estime heureux d'être
libre-penseur, mais il serait bien fâché de le paraître.
C'est dire que ce pauvre journal vit de contraintes et
de sacrifices ; et je suis convaincu que ses rédacteurs
ont pensé bien des articles qu'ils n'ont jamais écrits, et
qu'ils en ont imprimé beaucoup qu'ils n'ont jamais
pensés ! Dans une telle condition, je comprends qu'on
appelle à grands cris la liberté.

Je ne puis aucunement m'apitoyer sur cette contrainte que les libéraux canadiens s'imposent, parce
que j'en connais les motifs intéressés. Ce qui gêne
un peu leur liberté, ce n'est pas l'autorité, mais l'opinion ; ce qu'ils redoutent, ce n'est pas l'excommunication, mais la réprobation publique ; ce qu'ils entendent gronder sur leurs têtes, ce n'est pas la voix des
Evêques, mais la voix du peuple. Pour tout dire en
une phrase, ils ne reculent pas devant le mal, mais devant l'insuccès.

Au reste, il faut avouer qu'ils s'accordent assez souvent le plaisir de déchirer le masque qu'ils portent
malgré eux. Cette déchirure ne les embellit pas, et
leurs propres amis préfèrent généralement leur masque à leur figure. Combien de fois ne leur ont-ils
pas dit : " Vous vous découvrez trop ; et vous nous

perdez dans l'opinion. Il faudrait adoucir votre voix, voiler davantage votre face, déguiser vos mouvements, et lorsque, pour extirper le vieux préjugé catholique, vous allongez la main, il faudrait la ganter : le gant cache la griffe. Voyez donc ce que fait le dentiste lorsqu'il veut vous mettre dans la main une molaire que vous ne voulez plns souffrir dans votre bouche. Il vous fait respirer un gaz qui vous endort et paralyse vos sens, et lorsque votre tête appesantie est tombée dans ses mains, il attaque résolûment la molaire, et bientôt vous vous apercevez sans douleur qu'un convive de plus manque à votre mâchoire.

" Voilà l'exemple que vous devez suivre. Au lieu de surexciter la sensibilité des catholiques, il faut la calmer, l'endormir ; et lorsque-vous aurez produit la torpeur dans ces tempéraments nerveux, le moment sera venu d'agir et de laisser tomber le masque. "

Mais ces reproches et ces avis fraternels ont été vains, et la haine a été souvent plus forte que la prudence. Une nouvelle explosion d'impiétés vient encore de se produire à l'occasion de ce procès Guibord, qui sera bien célèbre dans les rapports judiciaires, et plus célèbre encore dans les annales religieuses.

Les libéraux n'ont pu laisser passer cette occasion de proclamer l'infaillibilité de la raison humaine, la souveraineté du pouvoir civil et les droits de l'homme. Ces *droits de l'homme* m'agacent les nerfs, et l'on n'a pas fini de nous ahurir avec cette fameuse *déclaration des droits de l'homme* que la révolution française a léguée à ses enfants.

Cette mère du XIXème siècle, la révolution française, a oublié de faire une autre déclaration, celle
des *devoirs de l'homme*, et nos libéraux font la même
omission, c'est-à-dire qu'ils négligent toute une face
des questions débattues.

Il n'y a pas de droits sans obligations, et c'est en
passant par le devoir que l'on arrive au droit. Où le
devoir manque, le droit finit. Ainsi tout homme a son
droit au ciel, et ce droit renferme pour ainsi dire tous
les autres. Mais il dépend de l'accomplissement d'un
devoir : servir Dieu. Le droit est perdu si le devoir
est négligé.

La grande erreur du libéralisme c'est de revendiquer des droits tout en s'affranchissant des devoirs ;
de réclamer la jouissance du bien, en prétendant user
de la liberté du mal ; de vouloir les bénéfices et non
les charges, les effets et non les causes. Cette erreur
fondamentale entraîne toutes les autres, et je ne suis
pas étonné d'entendre un grand penseur proclamer
que l'école libérale est la plus féconde en contradictions de toutes les écoles rationalistes. Elle l'a bien
prouvé dans cette fameuse affaire Guibord.

XVI

LE LIBÉRALISME ET LE PROCÈS GUIBORD.

1

Le progrès est le but des actions de l'homme ; mais le progrès véritable n'a qu'un nom : la sainteté ! S'élever du péché à la grâce, du mal au bien, de la perversité naturélle de l'homme à la perfection surnaturelle de Dieu, voilà le vrai et l'unique progrès qui renferme tous les autres.

La science n'est qu'un moyen de le réaliser, et si elle s'écarte de ce but, elle n'est plus même un progrès de l'esprit. Tous les perfectionnements que l'intelligence humaine accomplit, dans l'ordre matériel comme dans l'ordre moral, doivent tendre à ce but admirable, centre commun de toutes les aspirations de l'humanité.

Le libéralisme a d'autres notions sur le progrès. Il nie le surnaturel, et ce qu'il voit dans l'homme, ce n'est pas l'âme, mais la raison. Lui qui se scandalise d'entendre parler de l'infaillibilité du Pape et de l'Eglise elle-même, il croit à l'infaillibilité de la raison humaine. Il veut qu'on la laisse aller sans guide, sans lois, sans règles et sans frein ; qu'elle soit libre de toute entrave, indépendante de toute doctrine et au-dessus de tous les principes. Le progrès libéral sera à son apogée lorsque l'humanité ne reconnaîtra pas d'autre Dieu que la Raison et ne sera soumise qu'à ses seules lois.

Il n'est pas étonnant qu'avec cette doctrine le grand pontife de l'Institut-Canadien appelle notre siècle le plus grand des siècles. Dans nos idées, il y a eu progrès à rebours ; le XIXème siècle a marché comme l'écrevisse, puisqu'en réalité l'immense travail de l'esprit humain dans ce siècle a été de tout remettre en question, et de répandre sur la terre la semence désastreuse d'un scepticisme universel. Mais dans les idées libérales, douter c'est s'affranchir, et l'affranchissement de toute croyance c'est le progrès. Il est certain qu'à aucune époque l'on n'a plus travaillé ni si bien réussi qu'aujourd'hui à déifier la raison humaine, et c'est pourquoi le libéralisme bat des mains. Erreur monstrueuse, progrès déplorable qui comme une marée montante envahit le domaine de la vérité !

Ces fausses idées sur le progrès proviennent de l'oubli complet de la fin de l'homme et des devoirs qui en découlent pour la société et pour lui-même. Se sanctifier : voilà donc le progrès que chacun doit s'efforcer d'atteindre, et il faut que la société, au lieu de l'entraver, favorise ce perfectionnement.

La société est faite pour l'homme et non l'homme pour la société.

" Les sociétés humaines, disait un jour M. Royer-
" Collard, naissent, vivent et meurent sur la terre ;
" là s'accomplissent leurs destinées. Mais elles ne
" contiennent pas l'homme tout entier. Après qu'il
" s'est engagé à la société, il lui reste la plus noble
" partie de lui-même, ces hautes facultés par lesquel-
" les il s'élève à Dieu, à une vie future, à des biens
" inconnus dans un monde invisible.... Nous, per-
" sonnes individuelles et identiques, véritables êtres
" doués de l'immortalité, nous avons une autre desti-
" née que les Etats ! "

L'homme est donc supérieur aux sociétés par son immortelle destinée, et elles ne sont constituées que pour l'aider à accomplir sa fin. Pour arriver à ce résultat, la société civile doit, non-seulement laisser au citoyen toute la liberté nécessaire, mais elle doit laisser à l'Eglise, qui est spécialement chargée du salut de l'homme, toute la liberté d'action dont elle a besoin pour faire respecter ses préceptes.

L'Eglise doit donc être parfaitement libre d'infliger des peines canoniques à ceux qui méprisent ses commandements. Car la peine est la sanction de toute loi. Si l'Etat gêne l'exercice de ce droit, qui est le corollaire nécessaire du pouvoir législatif de l'Eglise, il devient tyrannique et il manque à sa mission.

La société-mère, c'est l'Eglise, et la société civile doit la prendre pour modèle et suivre ses enseignements. Autant l'âme est supérieure au corps, autant l'Eglise est supérieure à l'Etat. Tous deux doivent agir de concert, chacun dans sa sphère d'action différente, l'Etat dans la dépendance des principes catholiques, et l'Eglise dans l'indépendance complète de l'Etat.

De même que l'homme, sans cesser d'être libre, est soumis à la loi de Dieu, ainsi, l'Etat, tout en usant d'une liberté pleine et entière, ne doit pas transgresser les lois de l'Eglise. C'est l'Eglise qui a été spécialement chargée de conduire l'humanité à sa fin, et, pour remplir sa mission, il lui faut le concours et l'assistance des Etats. Elle est la tête et ils sont les membres de l'humanité ; la raison veut que les membres se montrent dociles aux inspirations de la tête ; sinon, il y a désordre social. Tous deux ont été faits pour vivre et marcher ensemble contre leurs ennemis communs ; car tous les ennemis de l'Eglise sont ennemis de l'Etat. L'Etat est le bras qui dispose de la force ; l'Eglise est la volonté, interprète des volontés de Dieu. Le bras a besoin de la volonté, s'il ne veut pas agir aveuglément ; la volonté a besoin du bras, si elle veut être respectée et obéie. Si le bras caresse lorsque la volonté demande qu'il frappe, il manque à sa mission et néglige son rôle.

Ce sont là des principes élémentaires qui doivent régler les rapports de l'Eglise avec les Etats, et l'on s'étonne lorsque l'on considère combien ces principes sont méconnus. C'est à ces doctrines que le libéralisme a déclaré la guerre, et, sans s'en apercevoir, au nom de la liberté, il aide à l'affermissement du despo-

tisme ; car en plaçant l'Etat au-dessus de l'Eglise, il
crée un despote qui, après avoir tyrannisé la conscience, se fait le tyran de la raison. C'est une des
mille et une contradictions du libéralisme.

Le procès Guibord a révélé au public canadien dans
quel oubli profond ces simples notions de la vérité
sont descendues, et le libéralisme, en y étalant tout le
cynisme de ses doctrines, n'a pas su voiler toute l'inconséquence de ses actes.

Voilà un homme qui a méprisé les enseignements
de l'autorité religieuse, qui a ri de ses défenses et s'est
moqué de ses menaces ; et lorsqu'il est mort, on in-
voque son titre de catholique et l'on réclame pour son
corps les priviléges et les honneurs qui n'appartiennent qu'aux sujets soumis et obéissants !

Voilà un homme qui a voulu la séparation de l'Eglise
et de l'Etat, qui s'est soumis au pouvoir civil, mais
qui a secoué le joug du pouvoir ecclésiastique et s'est
affranchi des devoirs qu'il impose, et l'on s'étonne que
le prêtre auquel on demande son inhumation fasse la
même distinction que le défunt, et dise : c'est à l'officier civil et non au prêtre que vous avez droit de vous
adresser !

Voilà un fils de l'Eglise qui a abandonné sa mère,
et qui malgré ses appels réitérés à refusé le pardon
offert, et lorsqu'il est mort dans ces sentiments, on
voudrait que l'Eglise passât l'éponge sur ses condam-
nations, et qu'elle eût pour ce fils ingrat les mêmes
égards que pour ses enfants bien-aimés ! Où serait
donc alors la sanction des lois ecclésiastiques si les
peines qu'elles prononcent devaient être sans effet, ou

s'il était permis à la puissance civile de relever de ces peines ?

" Mais, disent les libéraux mis en face de leur inconséquence, nous ne tenons pas précisément à la sépulture ecclésiastique ; nous voulons la sépulture civile, et nous la voulons sans flétrissure. Or, celle qu'on nous offre dans une partie du cimetière consacrée aux enfants morts sans baptême, et à certaines classes de personnes, est un déshonneur, et nous la refusons. La population ignorante applique à cette inhumation le mot si déplorable de " enterré comme un chien, " et nous ne pouvons pas accepter cette infamie ! "

Nous ne comprenons pas ces répugnances tardives. Il n'est pas rationnel de repousser avec tant d'indignation la peine qui atteint le corps, quand on a si volontiers encouru la peine qui flétrissait l'âme ! Eh ! quelle différence y a-t-il donc entre l'enfant qui n'a pas encore reçu la grâce du baptême et l'homme qui l'ayant perdue s'est obstinément refusé à la recouvrer ?—La différence est certainement en faveur de l'enfant.

Vous ne voulez pas que le peuple dise que Guibord a été *enterré comme un chien ;* mais vous savez ce que le peuple appelle " vivre et mourir comme un chien", et si vous vous moquez de cette dernière injure, pourquoi tenez-vous compte de la première ? Etre enterré comme un chien est triste, je l'avoue ; mais mourir sans sacrements est bien plus déplorable !

Vous ne voulez pas qu'on le sépare de ceux qui ont rempli leurs devoirs religieux pendant leur vie. Mais c'est lui qui s'est volontairement séparé d'eux : la séparation commencée par lui se continue après sa mort, et c'est, partant, l'exécution de sa volonté.

Vous parlez de flétrissure ; mais Guibord l'a voulue cette flétrissure. Il se l'est imposée à lui-même en négligeant les devoirs que son titre de catholique lui imposait et en refusant de se soumettre à la condamnation de ses supérieurs ecclésiastiques. La vraie flétrissure est celle qui souille la vie, et quand on s'en moque de son vivant, il est logique qu'elle s'étende au-delà du tombeau et s'attache à la mémoire !

O hommes inconséquents ! Ayez donc le courage de déduire les conséquences de vos principes. Vous êtes rationalistes : montrez-vous dignes de ce titre, et foulez aux pieds le dernier préjugé qui vous reste encore. Soyez fiers, et demandez, si on ne vous l'offre pas, qu'on ne vous enterre point à côté des serviles adulateurs du pouvoir ecclésiastique, à côté des dévots qui se confessent et qui font leurs pâques !

Emparez-vous de ce cimetière que l'ignorance qualifie d'une parole infamante. Relevez-le dans l'opinion en y couchant vos illustres morts et couvrez-le de monuments. Vous l'appellerez " le cimitière de la Raison ", et vous nommerez l'autre " le cimetière du préjugé. " La séparation entre vous et nous sera ainsi complète : séparation dans la vie, séparation dans la mort, séparation dans l'éternité !

2

Je reviens à l'affaire Guibord. Ce n'est plus une nouveauté, et j'arrive un peu tard pour vous intéresser. Elle a été examinée et discutée sous toutes ses faces par la presse Montréalaise et par les avocats qui ont conduit la cause. La question a été épuisée, et après les magnifiques plaidoiries de MM. Jetté, Cassidy et Trudel, plaidoiries qui s'enchaînent et se complètent, il serait difficile de rien ajouter.

Dégagée de tous les incidents et accidents de la cause, la question telle que posée par la défense est d'ailleurs simple et nette. Il y a deux sortes de sépultures, la sépulture ecclésiastique et la sépulture civile. La première a été refusée à Guibord en vertu d'un décret de l'autorité diocésaine, et la seconde a été offerte. Si donc la demande exige simplement celle-ci, on lui répond : Elle ne vous a jamais été refusée ; si elle réclame celle-là, on lui dit : Guibord en a été privé pour de bonnes raisons par l'autorité compétente, et, supposé que la décision de cette autorité fût injuste, ce n'est pas aux tribunaux civils que vous devez vous adresser pour en demander la nullité. Le tribunal civil est incompétent à renverser ce décret ; il ne peut que le confirmer, c'est-à-dire, s'y soumettre, tant qu'il n'a pas été mis à néant par une autorité ecclésiastique supérieure.

Il semble qu'il suffit d'énoncer cette thèse de la défense pour en saisir toute la vérité et comprendre qu'elle est inébranlable. On aura beau invoquer le droit gallican, cette vieillerie anti-catholique qui a abouti aux fameux principes de 89, j'ose espérer que nos tribunaux voudront bien ne pas nous l'infliger. Le droit gallican a été le résultat et en même temps le châtiment du gallicanisme religieux. En voulant s'affranchir de la suprématie de Rome, le clergé de France s'est trouvé en face de la suprématie des Parlements. En rejetant l'autorité de son roi véritable, le Pape, il a dû se courber sous le joug d'un souverain illégitime ; et il lui a fallu ensuite bien des combats pour se soustraire à ces entraves.

Mais le Canada est catholique romain, et pour tout ce qui concerne son culte, il ne reconnaît pas d'autre autorité que Rome. Au moment où le gallicanisme religieux se meurt en Europe, j'espère bien qu'on ne voudra pas ressusciter ici le gallicanisme légal. Les principes gallicans ont déjà exercé une influence trop grande sur notre législation ; bien loin de l'étendre, il faut s'en affranchir.

L'appel d'abus était le plus grand des abus, et quand on veut le faire admettre par nos tribunaux, on ne regarde pas assez loin dans le passé, ni dans l'avenir. Lorsque l'Angleterre nous imposait un joug que nous repoussions, qu'aurions-nous dit et qu'auraient dit les libéraux si nos oppresseurs avaient invoqué le droit gallican pour gêner et contrôler l'exercice de nos droits religieux ? A grands cris, nous aurions rappelé nos traités qui nous garantissent la liberté du culte de l'Eglise de Rome et non de l'Eglise gallicane, et

nous aurions eu raison. Si le pouvoir protestant n'a-
vait pas le droit de revendiquer les prérogatives anti-
religieuses des parlements français, à quel titre de
prétendus catholiques les revendiqueraient-ils ?

Non, le droit gallican ne peut pas être admis dans
notre pays. Notre foi qu'il mettrait en péril, notre
religion dont il gênerait l'exercice, nos institutions
avec lesquelles il est tout-à-fait incompatible, tout con-
court à le faire rejeter ; et, en face des termes si
formels et si clairs de nos traités, je m'étonne
qu'on veuille encore nous affubler de ce vieux
manteau gallican qu'on rajeunit en le doublant de
libéralisme.

Qu'on veuille bien remarquer, en outre, que ce
tribunal auquel on veut conférer le droit de réviser
les sentences ecclésiastiques, est catholique dans
une cause et protestant dans une autre. Et ne voit-
on pas dès lors l'immense danger d'un conflit entre
le tribunal civil protestant et le tribunal ecclésiastique ?

Pas plus que le droit gallican, le droit public
anglais ne peut être invoqué par la demande, et
nous devons rendre cette justice à l'Angleterre qu'elle
n'a pas appliqué à notre population les lois tyran-
niques qui ont souvent pesé sur les catholiques du
Royaume-Uni. Tout ce qui dans le droit public
anglais, pouvait gêner l'exercice libre de notre sainte
religion, s'est trouvé implicitement abrogé par les
traités, et ceux qui veulent nous ramener aux temps
d'Henri VIII et d'Elisabeth ne font preuve ni de
patriotisme ni de savoir,

Au-dessus et autour de ces questions qui étaient le nœud de l'affaire Guibord, se sont agitées une foule d'autres questions plus ou moins liées à la cause. Mais celle qui les domine toutes, et qui les absorbe, celle dont l'objet est fondamental, et dont les conséquences sont immenses, c'est la question des rapports entre l'Eglise et les Etats, entre les gouvernements et les peuples, entre l'autorité et la liberté !

Il y a des siècles que cette question est livrée à la discussion, et les hommes d'état paraissent plus embarrassés que jamais d'en trouver la véritable solution.

En novembre 1843, M. de Lamartine, dans un discours apprêté et chevillé, révélait à la chambre des députés la solution que sa muse lui avait inspirée. C'est le dernier mot de la sagesse humaine d'alors.

" Deux forces opposées, gazouillait l'illustre orateur,
" régissent le monde moral : la tradition et l'innova-
" tion, autrement dites l'autorité et la liberté. " Puis,
il rangeait complaisamment du côté de l'autorité " les
" ignorances, les superstitions, les faiblesses d'esprit,
" les routines de la pensée, les crédulités pieuses, les
" nuages, les ténèbres, les fantômes de l'enfance des
" temps ", et du côté de la liberté, " la science, l'in-
" telligence, la raison, la lumière, la perfectibilité des
" facultés de l'homme. "

De là il passait aux rapports de l'Eglise avec l'Etat, qui personnifiaient dans sa pensée l'autorité et la liberté, et il ajoutait : " De deux choses l'une : ou
" l'Etat asservit son enseignement à l'Eglise, ou bien
" il lui résiste. S'il asservit son enseignement à l'E-
" glise, il disparaît, il s'anéantit, il lui livre entière-

" ment le siècle et les générations ; il trahit à la fois
" sa dignité et sa mission, qui est de servir, de défen-
" dre et de propager non pas seulement les traditions
" immuables, mais le mouvement novateur et ascen-
" dant de l'esprit humain. S'il lui résiste, au contrai-
" re, il opprime, il restreint, il contredit, il violente
" l'enseignement religieux de l'Eglise ; il altère sa
" foi, et par là même il nuit à sa puissance sur les
" consciences et à son efficacité sur les mœurs......
" L'équilibre ne peut exister..... Dans le contrat, il
" y a toujours l'un des deux qui l'emporte. Si c'est
" l'Etat, il subordonne et contraint l'Eglise. Si c'est
" l'Eglise, elle possède l'Etat et par l'Etat la société.
" La civilisation qui s'est confiée pour se développer
" et marcher à un pouvoir tout humain et mobile
" comme elle, se réveille enchaînée à l'autel immobile
" du prêtre : ou elle cesse de marcher, ou elle marche
" en arrière."

La conclusion est facile à tirer, et c'est la solution de
M. de Lamartine : séparation complète de l'Eglise et
de l'Etat, indépendance absolue de la raison de toute
autorité, liberté sans limites de tous les cultes possibles.
" La paix, s'écrie l'orateur, n'est que dans la liberté.
" La dignité, l'indépendance de l'Etat ne sont que
" dans la liberté ; la loi efficace n'est que dans la
" liberté ; la civilisation agissante n'est que dans la
" liberté...... La terre est assez vaste pour que tous
" ceux qui veulent adorer Dieu dans tous les rites,
" puissent s'agenouiller devant lui sans se coudoyer et
" et sans se haïr. "

 Après tout ce bruit de cymbales, M. de Lamartine

par elles que nous acquerrons la prépondérance qui
nous appartient dans les affaires politiques et religieuses de l'Amérique. Cultiver, féconder cette intelligence de notre peuple, et propager la foi catholique
non-seulement dans les déserts du Nord-Ouest, mais
encore sur les rives du Mississipi, voilà notre mission
et le secret de notre future grandeur. Or, il me semble que l'émigration favorisera la diffusion de notre
Foi, comme la dispersion du peuple juif dans l'univers a favorisé la propagation de l'Évangile.

Est-ce à dire que nous ne devons pas combattre cette
tendance de nos compatriotes à chercher fortune en
pays étranger ?—Non, telle n'est pas ma pensée ; la
sagesse et la prudence humaines exigent que nous nous
efforcions d'arrêter ce courant. Mais si nos efforts sont
vains, et si le torrent déborde, je dis qu'il faut y voir
un dessein providentiel ; et au lieu de s'affliger outre
mesure et de croire à la ruine inévitable de notre
nationalité, il faut regarder plus haut et plus loin, et
se convaincre que Dieu, qui prend soin de la forêt et du
brin d'herbe, des grands empires et des petits peuples,
saura faire servir à notre grandeur et à notre gloire ce
qui, suivant les calculs humains, devrait causer notre
perte et notre honte !

XIV

L'AVENIR DES ÉTATS-UNIS.

J'exprimais, l'autre jour, l'espérance que l'avenir verrait s'opérer aux États-Unis un grand mouvement religieux, et que le Canada français était peut-être l'instrument dont la Providence se servirait pour atteindre cette fin. J'ajoute aujourd'hui que la conversion des États-Unis au catholicisme sera leur salut et la condition de leur grandeur.

Pour se convaincre de la vérité de cet avancé, il suffit d'examiner un peu ce que sont aujourd'hui nos voisins, et les qualités qui leur manquent pour devenir un grand peuple. Au premier coup d'œil jeté sur cette nation, il est facile de voir qu'elle manque de

croit que tout est désormais réglé. Il n'y a plus qu'à
mettre en pratique sa magnifique théorie, et tout ira
pour le mieux dans le meilleur des mondes. Le pauvre
homme ! Il ne s'aperçoit pas que sa thèse est un rêve,
et que ce rêve est impie.

Prêcher la séparation de l'Eglise et de l'Etat, c'est
prêcher une doctrine impie, maintes fois condamnée
par l'Eglise, et c'est demander l'impossible. L'union de
l'Eglise et de l'Etat n'est pas une société commerciale,
qui peut être dissoute par la volonté d'un seul des
contractants. L'Etat a beau vouloir cette séparation,
l'Eglise n'y consentira jamais. Il y a entre eux mariage
indissoluble, qui durera aussi longtemps que le monde.

Bien loin de se séparer, il faut qu'ils vivent unis
dans l'amour et dans la paix. Et comme l'Eglise est
d'institution divine, comme sa doctrine est immuable
et éternelle, comme elle ne peut permettre aux peuples de transgresser ses divins commandements, il faut
que l'Etat accepte sa suprématie. Sinon, il y aura lutte
inévitable, l'Eglise ne pouvant pas abdiquer ni méconnaître sa mission.

L'Eglise a été chargée de la conduite du monde.
Elle ne peut pas, elle ne doit pas l'abandonner à ses
instincts pervers et le laisser jouir d'une liberté sans
frein. Il faut qu'elle use de sa divine autorité, pour
que la liberté des Etats n'exerce son action que dans
les vastes limites du bien.

Il y a dans le système du monde deux forces opposées qui mettent tout en mouvement, la force centrifuge et la force centripète. Les corps célestes obéissent
à ces deux forces en gravitant autour d'un centre qui

leur est propre. La force centripète les attire vers ce centre, et la force centrifuge les en éloigne : la combinaison régulière de ces deux forces produit l'orbite que décrivent les planètes. Si le corps gravitant cessait d'être soumis à la force centripète, il prendrait la tangente que la force centrifuge lui indique, et il causerait dans l'univers un désordre effroyable.

Le monde moral obéit de même à deux grandes forces qui semblent en antagonisme : l'autorité et la liberté. Si dans les gouvernements temporels des peuples, l'autorité est excessive, il y a despotisme ; si la liberté l'emporte, il y a anarchie. Mais si les deux forces se contrebalancent dans une mesure équitable, elles constituent l'ordre social.

L'antagonisme entre elles n'est donc qu'apparent, et c'est dans leur accord parfait que se trouve même leur véritable condition d'existence. L'Eglise, dépositaire de la vérité infaillible, est le centre universel autour duquel les Etats doivent graviter dans la combinaison régulière de l'autorité et de la liberté.

Les hommes et les peuples qui s'égarent obéissent trop à la liberté qui est la force centrifuge, et ils suivent une tangente. A son point de départ, la tangente s'éloigne imperceptiblement du centre ; mais plus elle s'allonge et plus l'éloignement grandit. Toutes les erreurs, toutes les hérésies semblent dans leurs commencements s'éloigner peu du cercle de la vérité ; mais bientôt la distance est devenue immense.

O mes compatriotes, n'oublions jamais ces principes, et défions-nous de ces tangentes qui conduisent à l'abîme, sous les beaux noms de libéralisme et de catholicisme libéral.

XVII

L'EGLISE ET L'ETAT.

Une des questions les plus *irritantes* que la polémique religieuse ait soulevées en Europe dans ces derniers temps, c'est bien celle des rapports de l'Eglise avec l'Etat. Elle sera bientôt à l'ordre du jour dans notre pays, et puisque l'affaire Guibord vient de la poser devant le public et devant les tribunaux, je veux ajouter encore un mot à ce que j'en ai dit déjà.

L'erreur communément accréditée parmi nous, c'est de considérer l'Eglise comme une espèce de société formée *dans l'Etat*, comme une sorte de corporation religieuse ayant ses lois et ses usages que l'Etat a droit de limiter et qui ne doit gêner en rien l'action de l'Etat. C'est une des erreurs les plus funestes. C'est nier l'indépendance de l'Eglise, c'est nier sa divinité, et nier sa divinité, c'est la détruire.

Mais, nous le demandons aux catholiques, peut-on nier que l'Eglise est d'institution divine ?—Et si elle est d'institution divine, comment l'Etat pourrait-il l'asservir à ses lois ?

« Eh quoi ! s'écrie l'éloquent Archevêque de Cologne que le gouvernement prussien a tant persécuté, eh quoi ! *l'Eglise catholique dans l'Etat* ? Elle qui dans l'étendue n'a point de limites autres que celles de l'univers ; elle qui, sous le rapport du temps, n'en connaît d'autres que la durée du monde ! elle qui n'a d'autre vocation, d'autre fin que de recevoir tous les hommes, princes et sujets, dans son vaste sein, et d'embrasser, comme une mère tendre et fidèle, tous les peuples de la terre ! elle dont la maternelle main a reçu charge et pouvoir de confondre en une bénédiction commune, les hommes et toutes leurs institutions sociales, les plus minimes comme les plus considérables ; elle, cette Eglise Catholique, serait une société dans l'Etat ? elle qui, contre la volonté des princes et en contradiction flagrante avec leurs lois politiques, mais obéissant à la volonté de celui à qui toute puissance a été donnée au ciel comme en la terre (Matth. XXVIII, 18-20,) et qui lui-même a bâti cette Eglise, s'est étendue par toute la terre. Cette Eglise Universelle ne serait qu'une société dans l'Etat ? Dans les Etats, sans doute, dont l'origine ne remonte qu'à une époque où, depuis bien des siècles déjà, l'Eglise couvrait l'univers de ses fleurs et de ses fruits !

« Serait-ce dans ces Etats qui, étroitement circonscrits dans quelques parties de la terre, se sont séparés, quant à la religion de leurs souverains et d'une

partie de leurs sujets, de l'Eglise Universelle, aban-
donnant la maison de leur mère, et, pour justifier cet
abandon dénaturé, prétendant que jamais ils n'avaient
eu de mère ? Ou bien, cette Eglise Universelle se
fractionnerait-elle, a l'instar des confessions séparées
d'elle, en divisions territoriales, inégalement circons-
crites dans les limites plus ou moins étendues des
Etats ? Ainsi cette Eglise unique parce qu'elle est Universelle, s'incorporerait aux institutions politiques que
l'on appelle des Etats ? Le royaume des cieux sur la
terre, ce royaume qui n'est pas de ce monde et qui
n'a pas été institué pour lui, se subordonnerait aux
royaumes qui n'existent que dans le monde et pour
le monde ! L'impérissable deviendrait le domaine de
ce qui est périssable de sa nature ; l'immuable allie-
rait son éternelle destinée à ce qui sous mille formes
et en mille circonstances, est essentiellement soumis
aux variations des temps, des événements et des ca-
prices de l'homme ! L'Eglise, dépositaire et conserva-
trice de ce qui est éternel, se confondrait avec les Etats,
qui n'ont à conserver que ce qui appartient à la terre
et au temps ! »

Non, non ; cela n'est pas possible. Le Christ est
le souverain de ce monde, le Roi des rois, *Rex regum*,
et l'Eglise sa divine épouse est Reine. C'est Elle qui
a été instituée par Dieu pour enseigner les peuples et
les rois, et pour les conduire à leur fin, et les pouvoirs civils doivent s'incliner devant Elle. L'Eglise
est une mère, a dit M. de Montalembert, et cette grande
parole lui a valu bien des applaudissements. C'est
le titre qu'il faut ajouter à celui de Reine ; elle est la

mère des nations, et cette double qualification caractérise le genre d'autorité qu'elle a droit d'exercer en ce monde.

Ce ne sont pas les souverains temporels qui ont le pouvoir de définir et limiter ses droits ; c'est Elle seule qui, parlant au nom de Dieu, peut dire au pouvoir civil : tu n'iras pas plus loin. C'est Elle seule qui doit déterminer les matières soumises à sa juridiction, et en dehors desquelles l'action de l'Etat peut s'exercer librement.

Les deux puissances ont des droits distincts, et des attributions distinctes, et l'Etat a droit à l'indépendance en tout ce qui est de son ressort. Dieu les a unies pour le plus grand bonheur de l'humanité, et il ne faut pas les séparer.

Toutes deux doivent gouverner le monde dans l'union et dans la paix, et s'il arrive qu'elles viennent en conflit, c'est la puissance spirituelle qui a la suprématie.* En agissant de concert, et en se prêtant un mutuel secours, elles trouveront la force et l'autorité dont

---

* La puissance civile est subordonnée à l'Eglise en tout ce qui regarde la foi, la morale et la discipline, et même dans les choses temporelles qui ont rapport à la religion. Ceux qui nient cette suprématie, nous conduisent logiquement à la séparation de l'Eglise et de l'Etat. Ils se mettent en contradiction avec la raison, avec l'autorité des Pères de l'Eglise, et avec les définitions des Pontifes Romains. Je pourrais accumuler ici les autorités ; je me contente de citer Boniface VIII qui a dit : *oportet temporalem auctoritatem spirituali subjici potestati*, et Pie IX qui a ajouté : *errores eo potissimum spectant, ut impediatur et amoneatur salutaris illa vis quam catholica Ecclesia ex divini sui auctoris institutione et mandato, libere exercere debet non minus erga singulos homines quam erga nationes, populos summosque eorum Principes.*

elles ont respectivement besoin pour remplir leur mission en ce monde.

Il vient de s'accomplir à Outaouais un fait qui n'est pas sans enseignements, et qui démontre toute la nécessité pour l'Etat de rester uni et en bonne intelligence avec l'autorité ecclésiastique.

Deux hommes partis des deux extrémités de notre hémisphère viennent de s'y rencontrer ; l'un, ministre de Dieu, venant de Rome, et l'autre, représentant de César, arrivant du Nord-Ouest ; celui-là apôtre de la charité, celui-ci instrument de la force ; le premier, gouverneur sans parchemin, et tenant du ciel même le sceptre véritable ; le second, gouverneur sans gouvernés, rejeté par ses sujets en même temps que déposé par ses supérieurs.

Quel parrallèle humiliant pour les pouvoirs humains! Quelle leçon éloquente pour les utopistes qui ne croient pas la religion nécessaire au bon gouvernement des sociétés !

Il y a plus de vingt ans, un pauvre missionnaire projetait de faire entrer dans la grande confédération chrétienne les peuples infidèles du Nord-Ouest. Il partait seul, sans titre, sans force, sans armes, sans argent. Il franchissait les forêts, les lacs et les solitudes ; il échappait à tous les dangers, il surmontait tous les obstacles, et les barbares le reconnaissaient bientôt pour leur maître. Car dans sa main ils avaient vu la croix, instrument de sa puissance, et sur sa tête ils avaient aperçu la couronne, signe de sa royauté !

Ces hommes étaient vindicatifs et cruels : il leur prêcha le pardon des offenses et la douceur. Ils

étaient livrés à la luxure la plus effrénée : il leur imposa les saintes lois de la pudeur et de la chasteté. Ils
étaient paresseux et gourmands : il leur prescrivit le
travail et la sobriété. Il condamna tous leurs usages ;
il réprima tous leurs instincts ; il leur imposa tous les
sacrifices, et cependant ils acceptèrent son autorité, et
se déclarèrent les sujets soumis et obéissants de ce
royaume inconnu dont il était le céleste envoyé !

Que le représentant de l'autorité civile aurait dû se
sentir petit en face de cette véritable grandeur ! Comme il aurait dû reconnaître l'infériorité du pouvoir
civil, qui n'est puissant qu'autant qu'il est armé, et la
suprématie du pouvoir ecclésiastique, qui peut gouverner sans parlements, réprimer sans tribunaux ni
prisons, et conquérir sans armées !

Mais celui que la raison politique avait désigné pour
gouverner les populations du Nord-Ouest, n'était pas
homme à comprendre ces choses. Il se moquait bien,
lui, du pouvoir ecclésiastique, et il ne reconnaissait
guère d'autre droit que celui du plus fort. Le fait
accompli était sa loi, le césarisme était sa doctrine, et
quant à son but, qui osera affirmer qu'il n'était pas
autre que l'intérêt public ?

Mais l'homme s'agite et Dieu le mène ! Les projets
du fanatisme ont été déjoués, les rêves de l'ambition
ont été dissipés, et l'homme qui croyait monter sur un
trône, s'est assis sur un tonneau de poudre qui a fait
explosion. Ni lui, ni ses ministres n'ont pu même
pénétrer dans ce territoire qu'un missionnaire avait
conquis, et tous les beaux discours de la raison et de
la politique humaines ont été impuissants auprès de
ceux qu'une parole évangélique avait subjugués.

C'est alors que les dépositaires de l'autorité civile ont compris cette grande parole de Bossuet, que *la sagesse humaine est toujours courte par quelque endroit*, et que Dieu seul est la source et le principe de toute autorité. Mandé de Rome, le missionnaire a traversé les mers : le pouvoir ecclésiastique est venu au secours de la puissance civile, et réalisant dans sa personne l'alliance intime des deux pouvoirs, le saint prélat est allé rétablir l'ordre et la paix au sein de l'immense famille que Dieu lui a confiée. *Erudimini qui judicatis terram.*

XVIII

1

Je n'écris pas sans plaisir ces causeries que mes occupations me forcent souvent d'interrompre. La profession d'avocat, qui n'est plus guère qu'un métier, ne m'a jamais charmé que médiocrement, et j'ai toujours eu à lutter contre la tentation d'écrire. L'art d'écrire me séduit et m'entraîne, et s'il pouvait suffire aux nécessités de la vie, sans devenir lui-même un pénible métier, je me laisserais captiver. Malheureusement, cet art subit le sort commun de toutes les choses de ce monde ; le cultiver à loisir est un charme ; s'en faire un état finit par ennuyer. Du moment qu'il devient nécessaire, il participe aux désenchantements de la réalité, et la prose l'emporte sur la poésie.

Que de journalistes qui sont entrés dans la carrière, ardents et fougueux comme des coursiers indomptés, et qui s'en vont maintenant, l'œil morne et la tête baissée, courbant l'échine sous je ne sais quel harnais argenté !

Ils avaient l'allure hardie et le franc-parler de ceux qui ne dépendent que de leur devoir, et le monde les voit cheminer maintenant, lourds et serviles, dans les sentiers battus qu'un maitre implacable leur indique ! Voilà l'écueil du journalisme, et ceux qui l'évitent sont plus rares qu'on ne croit.

Ecrire en amateur, par plaisir et par devoir, pour la défense des principes que l'on croit vrais, me semble un rôle moins dangereux et plus plaisant ; c'est celui que j'aime à remplir quand mes loisirs me le permettent.

On m'a fait, au sujet de mes causeries, des observations qui me rendent perplexe. D'une part, on m'a dit : '' Vous êtes trop sérieux ; vous avez l'air d'une porte de prison, ou d'une grille de couvent, et les lectrices s'enfuient à votre aspect ! Il faudrait rire et badiner un peu, cultiver le bon mot, faire fleurir le calembour, et greffer partout la plaisanterie. ''

D'autre part, on soutient que j'ai raison d'être sérieux, et que dans les circonstances particulières où se trouve la presse canadienne, j'aurais tort de ne l'être pas. On ajoute : '' des écrivains badins, des

chroniqueurs, nous en avons à foison. L'esprit drôla-
tique court les rues, et l'attrappe qui veut ! Ce qu'il
nous faut, c'est de la polémique grave sur de graves
sujets, ce sont des études religieuses ou littéraires,
philosophiques ou politiques. Si le calembour se
meurt, laissez-le mourir, ce n'est pas nous qui porte-
rons son deuil. Il faut donner à l'esprit public une
direction solide et élevée, lui inculquer le goût des travaux sérieux et utiles, et habituer ses yeux à regarder
au fond plutôt qu'à la superficie des choses. "

De là ma perplexité. Si j'écoute les premiers, j'au-
rai peut-être plus de lecteurs, à coup sûr plus de lectrices, et ma tâche sera beaucoup plus facile—le genre
badin exigeant peu ou point d'études. Si l'avis des
derniers prévaut, les amis de la gaieté m'abandonnent
à mon triste sort, et les lectrices, à la seule vue de
mon titre, s'écrient : fuyons ! un sermon !

Voilà ma position, et je ne me cache pas qu'elle est
embarrassante. Les femmes surtout me taquinent :
ce sont elles qui ont le plus besoin d'écrits sérieux, et
qui en veulent le moins ! J'en entendais deux, l'autre
jour, qui causaient ensemble dans les chars, et j'ai recueilli leur dialogue. Leur conversation indiquait
l'âge des illusions et des rêves ; mais leurs figures devaient faire croire que cet âge d'or était passé depuis
longtemps.

L'une revenait de voir un monsieur D., son parent,
et après avoir raconté à son amie tous les plaisirs de
son voyage, et tous les agréments d'un bal où sa toi-
lette avait émerveillé je ne sais plus qui, elle en vint à
parler de lecture.

—Toute la matinée, je m'enfermais dans la bibliothèque et je lisais. Monsieur D. a une belle bibliothèque, va !

—Oui !—Quels livres a-t-il ?

—Ah ! bien, je ne puis pas les nommer tous ! Il a toute la collection du *Journal pour tous*, le *Comte de Monte-Christo*, les *Trois Mousquetaires*, etc., etc., etc.

—Les *Trois Mousquetaires !* j'ai lu ça, moi.

—Et moi aussi : monsieur D. voulait me faire lire *" Les ruines de mon couvent "*, mais le titre des *Trois Mousquetaires* m'a attirée. Voyons, lequel des trois héros admires-tu le plus ?

—D'Artagnan.

—Tu es bien de mon goût : crois-tu, quelle grande âme, et quel cœur poétique ! (elle a dit *poétique !*) Et puis, quel nom ! d'Artagnan !

La conversation a continué sur ce ton, et je me suis demandé comment je pourrais conquérir à Louis Veuillot des cœurs possédés par d'Artagnan. La chose m'a paru impossible, et j'y renonce. Un estomac qui mange du d'Artagnan est à jamais dyspeptique, et ennemi de toute forte et saine nourriture ! Quant à faire du d'Artagnan moi-même, c'est un genre qui ne me plaît pas et que je crois très-malsain.

Il y en a un autre moins mauvais, mais non moins stérile : c'est le genre plaisant, ou celui qu'on nomme ainsi, bien qu'il ne le soit guère. Mais ceux qui en usent ont pris le soin de m'en dégoûter, et les échantillons que j'en ai vus, ici et là, ne m'ont pas subjugué. Ce qui en prouve mieux l'infécondité, c'est le mince succès des hommes de talent qui s'y emploient. Ils

ont pris le titre de *chroniqueurs* ; mais le nom de far-
ceurs leur conviendrait mieux. C'est leur métier de
colliger des facéties, des bons mots, des petites histoires, des petits scandales, et d'assaisonner cela d'un
peu de sel de cuisine pour amuser le public. Il est
rare qu'ils s'élèvent au-dessus du *fait-divers*.

Une des finesses du genre c'est de parsemer chaque
chronique de petites étoiles, comme pour jeter de la
lumière sur le sujet. J'admets que c'est bien souvent
inoffensif ; mais un homme qui a de l'intelligence,
et qui sait tenir une plume, ne pourrait-il pas écrire
autre chose ? C'est toujours un mal de perdre son
temps, et de le faire perdre à ses lecteurs.

Voici comment l'un des plus habiles termine sa dernière chronique :

" Dans notre bonne ville (de Québec) l'invasion fé-
" nienne n'a eu d'autre résultat fâcheux que celui de
" faire perdre une soirée aux *amoureux* que séparent
" les fortifications. En effet, on disait jeudi que les
" portes de la ville seraient fermées vers huit heures,
" et plusieurs damoiseaux, qui font ordinairement des
" excursions galantes au-delà des murs, ont observé la
" *continence* ce soir-là. "

C'est ce qu'on peut faire de mieux dans le genre
plaisant, et je ne connais rien qui dépasse cette hauteur. Les amateurs se sont dit, en lisant cela : c'est
bien trouvé, leste et joli ! c'est l'honneur du genre !

Eh bien ! malgré cet éloge, je ne puis vous cacher,
mes chers lecteurs, que je trouve cela fade et très-pau-
vre ; et s'il fallait adopter ce genre pour vous plaire,
je tiendrais à honneur de vous mécontenter.

2

Il y a néanmoins de bons chroniqueurs. Ils sont rares, et nous pourrions facilement les compter. Je les nommerais si je ne craignais pas de blesser la modestie de M. Legendre, de M. Ernest Gagnon et d'un autre. Ceux-là ont compris que la chronique n'exclut pas le sérieux, et qu'elle doit seulement donner aux choses graves un aspect riant et agréable.

C'est l'autre genre que je condamne, celui qui ne cherche qu'à faire rire, et qui sacrifie à ce besoin le respect des personnes et des choses. C'est celui-là qui ruine l'autorité, qui détruit les croyances, qui énerve l'esprit et qui conduit les nations à la décadence.

Un journal important de ce pays disait l'autre jour : « Longtemps avant la guerre actuelle, les esprits sérieux en France s'attristaient en voyant les ravages qu'exerçaient parmi la partie la plus éclairée du peuple, le scepticisme, la légèreté et la corruption des mœurs. C'est en vain que les journaux religieux signalaient le mal, et démontraient qu'en riant de tout, en coupant les ailes à l'enthousiasme, on devenait incapable de dévouement, de grandes actions, et que l'on finissait par glisser sur la pente qui conduit à la décadence des nations.

" A ces avis, à ces conseils, on répondit par des ricanements, et la population des villes continua à applaudir les charades et les facéties de la *Grande Duchesse* et de la *Belle Hélène*, et à lire le *Figaro.*"

De son côté, le *Siècle* dit :

" L'esprit public en France s'était ravalé à ne s'occuper que de frivolités dignes des mignons du temps de Henri III.

" C'est l'esprit qui a perdu la France : nous voulons dire l'esprit boulevardïer, cet esprit qui se compose pour le moment, pour les neuf-dixièmes, de calembours, de jeux de mots, de scepticisme, tranchons le mot, de blague ; pour le dixième restant de forfanterie et de mensonges ridicules . . . .

" Non ! tant que le *Figaro*, le *Gaulois*, le *Paris-Journal* et autres journaux de même acabit ne seront pas tombés à un tirage de 500, à l'usage exclusif d'un nombre égal de ramollis et de drôlesses, il n'y a pas d'espoir de voir la France se relever . . . .

" Les Grecs du Bas-Empire étaient des aigles auprès de nos boulevardiers ! . . . . Si la guerre actuelle finit sans avoir tué en France l'esprit du boulevard, la paix qui la suivra ne sera ni durable, ni féconde, et ne sera qu'une balle dans la boue."

Tout cela est très-vrai, et le *Siècle* n'a qu'un tort, c'est d'oublier qu'il a lui-même fait une grande consommation de cet esprit boulevardier qu'il exècre. Qui s'est plus que lui moqué de la religion et de ses ministres ? Qui a plus encensé Voltaire, le roi des boulevardiers ?

N'importe, l'aveu dans sa bouche n'en a que plus de valeur, et les journalistes canadiens doivent en tenir compte. Ils doivent donc bien se garder d'imiter le *Figaro*, le *Gaulois*, le *Charivari* et autres journaux du même genre. Tels ne doivent pas être leurs modèles.

Après cela, ils sont libres de faire briller leur esprit autant qu'il leur sera possible. Car, pour être sérieux, le journaliste n'est pas tenu d'enfouir son esprit. Il ne lui est pas défendu de rire, et de jeter çà et là sur ses enseignements quelques pincées de bon sel. Bien au contraire, c'est l'art de l'écrivain habile de savoir amuser ses lecteurs en les instruisant. Mais il faut les instruire, et c'est la partie difficile. Le journal qui ne sait qu'amuser n'a pas de raison d'être, et son mérite est d'ailleurs mince. Car amuser le public n'est pas si difficile qu'on peut le croire, et le programme de celui qui ne se propose pas autre chose est bien simple.

Il choisit d'abord pour feuilleton un roman bien rempli d'intrigues et de péripéties. S'il est immoral, c'est bien ; mais si le voile de l'expression en couvre habilement l'immoralité, c'est encore mieux. Le roman judiciaire est surtout recherché, et plus il renferme de scènes de police et de cours d'assises, plus il est goûté. Les petites nouvelles, les petits scandales, les jeux de mots, les calembours et les faits divers doivent ensuite occuper une large place dans son journal. Les mots risqués ont particulièrement du succès. Mordiller de temps à autre une réputation bien assise ne fait pas mal non plus, et le lecteur s'y complaît.

Après cela, il ne faut pas oublier d'être à l'affût de tous les crimes qui se commettent, et d'en raconter minutieusement tous les détails. S'il est possible de leur donner une teinte romanesque et mystérieuse, c'est un ornement qui est bien porté. Va sans dire que si le criminel est traduit devant les tribunaux, il faut l'y suivre et raconter en style ému tous les incidents du procès.

Voilà les détails du métier. Quant aux traits généraux qui le caractérisent, ils se résument ainsi : flairer l'opinion publique et la suivre au lieu de la guider, étudier les goûts du lecteur et les satisfaire au lieu de les corriger, calculer sur les mauvais intincts de la nature humaine et les flatter au lieu de les réprimer.

Mais le journaliste sérieux qui veut instruire, éclairer, édifier, guider ses lecteurs, remplit une tâche bien autrement difficile et bien autrement méritoire. Son rôle est noble et son but est élevé. Lui seul empêche le journalisme d'être la plus grande plaie de l'humanité.

Je ne suis pas de ceux qui admirent outre mesure cette institution puissante qu'on appelle la presse. Le bien qu'elle fait est loin d'égaler le mal qu'elle nous cause, et ce qui fait la force immense de la Révolution en Europe, c'est la Presse. Mais puisque cette puissance existe, il faut la faire servir au bien.

Dans notre pays, le plus catholique du monde, il faut qu'elle soit l'humble servante de la religion et tout entière consacrée à la diffusion et au soutien des doctrines catholiques romaines. C'est pour cela seul qu'elle est instituée, et c'est par cela seul qu'elle servira et honorera la patrie.

Un journal, quelque petit qu'il soit, n'est jamais complétement inoffensif. S'il ne fait pas de bien il fait du mal. S'il ne défend pas l'Eglise, il la combat. Car dans la lutte terrible qu'elle soutient il n'y a pas de neutralité possible, et la non-intervention est un crime. L'indifférent est un ennemi, et la tolérance est complice.

La tolérance, voilà le grand vice de certains journaux et de certaines gens. On laisse le mal se produire, les mauvais principes s'affirmer, et l'on se tait, sous le prétexte que l'affirmation de la vérité pourrait causer du bruit dans le public. Erreur profonde qui a perdu la France et qui nous perdra si nous n'y prenons garde.

Il ne faut pas négliger cet exemple que la Providence a placé devant nous. Il ne faut pas s'engager dans les sentiers tortueux où la France, guidée par la presse, s'est égarée. Il ne faut plus caresser ni propager ces deux erreurs qui ont tant affaibli la France, le gallicanisme et le libéralisme.

La presse canadienne-française doit être ultramontaine. De Rome seule elle doit recevoir ses enseignements. A Rome seule, et non à Paris, elle doit hommage et soumission. C'est parce qu'il tendait à remplacer Rome et à enseigner les nations, que Paris a failli être détruit.

La presse canadienne-française doit être grave, sérieuse et digne. Elle doit bannir l'esprit boulevardier, les facéties, les balivernes et les sarcasmes du scepticisme.

Sinon, nous arriverons au règne des petits crevés et des cocotes. Nous aurons pour nous amuser l'esprit des figarotiers, et pour nous instruire la philosophie de l'*Homme qui rit !*

3

Je reviens aux journalistes : franchement je m'intéresse à cette classe d'écrivains. J'en estime plusieurs,
et je plains les autres. Cet état me semble devenir
pénible et difficile, et pour ceux qui faiblissent au
milieu de leur carrière je me sens plein de miséricorde.

De même que le journal a nui au livre, le télégraphe nuit au journal, et le pauvre journaliste n'est pas
autant lu qu'il le mérite. En voyant le titre d'un article qui a coûté quelquefois bien du travail, son
abonné se dit souvent : je connais ça ; je sais ce qu'il
peut dire là-dessus ; et il court aux nouvelles, aux an-
nonces, ou aux faits divers.

Le lendemain, le journaliste, qui n'est pas du tout
mécontent, rencontre son ami le plus dévoué, et lui
demande d'un air triomphant :

—Tu as lu mon article ?

—Ton article..... sur quoi ?

—Eh ! parbleu, sur les féniens !

—Ah ! oui, je l'ai vu......

—Et puis ?

—Eh ! bien, j'étais pressé, je n'ai fait que le parcourir à la course : il m'a paru bien.

Si le journaliste est bien dans son état, il comprendra que son ami ne l'a pas lu, et il ne s'en fâchera
pas. S'il en souffre, ses tourments ne sont pas finis :
il doit toujours compter sur plus d'abonnés que de

lecteurs ; et quand le télégraphe aura répandu la nouvelle sur laquelle il veut broder, je lui recommande
d'être bref.

J'ouvrais, l'autre jour, un journal anglais de Toronto.
Il contenait un sommaire de quelques articles de fond,
un sommaire des nouvelles générales, un sommaire
des extraits tirés des autres journaux et jusqu'à un
sommaire des dépêches télégraphiques. Ces quatre
sommaires se lisaient en gros caractères en tête des
écrits qu'ils résumaient, et, après les avoir parcourus,
je restai bien persuadé que les articles eux-mêmes
ne m'apprendraient rien de plus. Et c'est ainsi qu'a-
près l'impression à la vapeur on nous a gratifiés de la
lecture à la vapeur. L'homme du XIXe siècle est
pressé ! Pressé d'arriver, pressé d'acquérir, pressé
de jouir et pressé même de mourir si l'on en croit son
régime de vie.

Il est bien évident que ce n'est pas dans de telles
conditions que le journalisme peut être appelé un
apostolat. Un semblable journal n'est pas même une
gazette : c'est une affiche périodique. Pour l'éditeur,
c'est un métier au moyen duquel il veut faire fortune ;
pour le public, c'est un carrefour où tous les faiseurs
de nouvelles se donnent rendez-vous pour satisfaire sa
curiosité.

Compter avec les opinions d'un tel journal pour la
direction de la conscience publique est dès lors impossible. L'intérêt de l'éditeur devient le seul mobile de
la rédaction, et le meilleur rédacteur est alors celui
qui sait le mieux flairer l'opinion publique, non pas pour
la former, mais pour la suivre et la flatter.

Du moment donc que le journalisme devient une spéculation, il n'y peut plus être question de devoirs. La vogue est le pouvoir tyrannique auquel il lui faut obéir. Flatter les goûts du public, si futiles et si dépravés qu'ils puissent être, voilà son rôle. Bien loin de les former, ces goûts, il faut les satisfaire tels qu'ils sont, et Dieu sait où peut conduire cette complaisance coupable.

Car le public est naturellement peu édifiant par ses affections et ses tendances. Il est plein de passion et pétri de préjugés ; et pour lui plaire, il faut flatter ses préjugés et favoriser ses passions. Ce qui lui plaît surtout, c'est le scandale ; ce qui l'intéresse, c'est le récit d'aventures criminelles. Plus les crimes sont énormes, plus le criminel est célèbre, et plus on prend de soucis de ce qui le concerne. Un procès criminel surtout a le don de passionner.

Il y a près de trente ans vivait en France un gueux vagabond nommé Chodruc Duclos. C'était une espèce de Diogène, faiseur de mots qui parcourait les rues et les cafés, et que le public coudoyait partout. Le journalisme s'en empara, et Chodruc devint l'objet de centaines d'articles et de milliers de faits divers, tout comme s'il avait été empereur de Russie. C'que c'est que la grandeur ! Pendant longtemps le héros de café éclipsa tous les rois de l'Europe !

Aujourd'hui, un monsieur Gagne jouit à peu près de la même vogue en Europe, et je crois qu'à l'heure présente, la distance est à peine sensible entre M. Gagne et Victor Hugo. Sans en citer d'autres, disons que l'époque contemporaine a vu fleurir en Canada la gloire du célèbre Bis Belleau ! O spéculation !

Là n'est pas le seul écueil où les journalistes vont se briser. Je les plains surtout de leur dépendance et de l'ingratitude qui est le prix de leurs services. Hélas ! au lieu de représenter des idées, combien représentent des hommes ! Combien qui, pour plaire à leurs patrons, injurient telles personnes qu'ils voudraient respecter, en élevant aux nues telles autres qu'ils savent être méprisables ! S'ils ne disent pas assez, les patrons se plaignent, et s'ils disent trop, ils en portent seuls la responsabilité.

A eux le travail, la fatigue et les veilles, au profit de gens qui bien souvent ne les valent pas, et cela pour un salaire à peine digne d'un commis. A eux tout l'odieux d'une polémique excessive, et toutes les inimitiés qu'elle suscite. S'ils s'indignent, on les blâme de manquer de sang-froid ; s'ils restent calmes sous le feu de l'ennemi, on leur reproche de n'être pas ardents et de manquer de courage.

Ce ne sont plus des hommes, ce sont des machines écrivant, à certaines heures strictement réglées, certaines choses convenues, dans un certain style aussi convenu, suivant les besoins de la circonstance. Qu'ils le veuillent ou ne le veuillent pas, que la verve donne ou soit absente, les chefs sont attaqués, il faut les défendre ; l'ennemi est aux portes, il faut le repousser ; et malgré qu'ils se croient nés généraux, ils jouent le rôle de simples soldats, exécutant les plans d'attaque ou de défense, et se contentant même des armes qu'on leur indique.

Malheur à celui qui se montre indocile, et qui ose exprimer librement son opinion ! Il devient un embarras pour les chefs, et si ceux-ci sont habiles ils en feront de la chair à canon. Ils le pousseront dans la mêlée, au plus fort de la bataille, et il en sortira tout couvert de blessures qui le rendront impotent le reste de ses jours. Si du moins ses blessures étaient glorieuses et lui assuraient toujours le respect de la postérité. Mais le ridicule est souvent la seule célébrité qu'il en retire, et c'est par lui qu'il survit, quand il survit. Son dernier refuge, c'est l'oubli, et, fort heureusement, c'est ce que la postérité accorde le plus libéralement. Elle tient toujours ouvert devant les illustres blessés du journalisme cet asile ingrat qui ne vaut pas l'Hôtel des Invalides.

On trouvera peut-être ce tableau chargé : je le crois néanmoins exact sans être complet. Il faut que les journalistes en prennent leur parti, s'ils se sont enrôlés sous la bannière d'un homme, et non d'une idée. Il faut qu'ils abandonnent tout espoir d'indépendance, et tout désir d'émancipation. Il faut qu'ils abdiquent leur personnalité, et qu'ils deviennent les échos fidèles des sentiments de leurs chefs, sinon, gare !

Mais s'ils ont placé leur but au-dessus des hommes ; s'ils combattent sous le drapeau sacré de la religion et de la patrie ; s'ils défendent toujours la cause de la vérité et de la justice, leur tâche est noble et leur rôle est sublime. Il y a encore là des misères et des déboires ; mais au moins l'écrivain reste un homme, et ne devient pas un vil instrument. Il marche à la tête et non à la queue de ceux qui partagent ses opinions. C'est lui qui donne le mot d'ordre, et c'est sa voix qui retentit dans la lutte. Il fait généralement peu d'argent, mais beaucoup de bien. La fortune et les honneurs passent souvent loin de lui ; mais la vraie gloire et le véritable honneur lui sont dus : l'honneur d'avoir guidé ses semblables dans le droit chemin, la gloire d'avoir été utile à l'Eglise et à la Patrie !

4

Un jour, à Kamouraska, j'eus le bonheur d'entendre l'éloquent évêque de Birtha. Il parla du journalisme, et je recueillis soigneusement ses paroles. L'Evangile du jour, que Sa Grandeur lut d'abord, lui fournissait un thème admirable qu'Elle sut commenter d'une admirable manière ; et, pendant une heure, l'auditoire fut captivé par cette diction facile et entraînante et ce tour ingénieux des idées qui distinguent Mgr. de Birtha.

Jésus s'en va sur le bord de la mer. Il cherche une pierre pour asseoir son Eglise et des ouvriers pour la construire. Une foule immense le suit, attirée par sa réputation et ses miracles. Toutes les foules sont avides de merveilleux et d'éloquence ; et celle qui suit Jésus veut entendre cet homme qui parle comme un Dieu. Elle l'entoure, elle le presse, elle encombre le rivage, et Jésus se voit obligé de monter dans une barque. Il y a là deux barques à sa disposition :

il choisit celle de Simon qui s'appellera Pierre ; et, s'éloignant un peu de la terre, il enseigne le peuple.

Lorsqu'il a cessé de parler à la foule, il s'adresse à Simon : " avancez en pleine eau et jetez vos filets pour pêcher." C'est l'épreuve de l'homme de foi : Simon a péché toute la nuit sans rien prendre ; c'est son état d'être pécheur ; il sait qu'il n'y a pas de poissons, et, humainement parlant, il connaît mieux que Jésus qu'il va jeter inutilement ses filets. C'est alors que la foi du pêcheur d'hommes se révèle ! " Maître, dit-il, nous avons travaillé toute la nuit sans rien prendre ; mais *sur votre parole* je jetterai le filet. "

La foi ne reste jamais sans récompense et Jésus récompense celle de Simon par un prodige : les filets sont tellement remplis de poissons qu'ils se rompent.

Après l'acte de foi vient l'acte d'humilité. Simon, émerveillé, se jette aux pieds de Jésus : " Seigneur, retirez-vous de moi parce que je suis un pécheur. " C'est l'humanité ployant le genou devant la divinité qu'elle vient d'apercevoir ! C'est l'homme confessant qu'il est pécheur, et reconnaissant qu'à ce titre seul il est indigne de Dieu ! Simon est déjà théologien, et il comprend qu'entre Jésus et lui il y a un abîme nfranchissable, le péché !

Mais Jésus qui est venu pour sauver les pécheurs le rassure et lui dit : " vous serez désormais pêcheur d'hommes." A l'instant, Simon et ses deux compagnons, Jacques et Jean, pêcheurs comme lui, abandonnent tout et suivent Jésus-Christ.

L'Eglise est instituée.

Que d'enseignements dans ce simple récit !

Mgr. de Birtha commença par faire ressortir la simplicité de ce langage des livres saints, qui s'adresse aux
grands et aux petits, aux ignorants comme aux savants,
et qui est à la portée de tous. Quelle intelligence est
assez faible pour ne pas comprendre cette belle narration de la pêche miraculeuse et de la vocation des apôtres ? Et vous, surtout, habitants de Kamouraska, qui
vivez au bord de la mer, livrés à la pêche et à la na-
vigation, vous voyez d'ici cette scène de Jésus accablé
par le peuple et se réfugiant dans une barque, pour
lui adresser la parole. Vous voyez ces pêcheurs qui
réparent tranquillement leurs filets, sans se douter de
la sublime mission qui les attend, que Jésus distingue
de la foule, qu'il conduit en pleine mer, et auxquels
il confère ce titre glorieux de pêcheurs d'hommes.
Vous voyez la préséance que Jésus accorde déjà à Simon : c'est dans sa barque qu'il est entré et c'est avec
lui que la conversation s'engage ; c'est lui qui croit et
qui s'humilie le premier, et c'est à lui que Jésus dit :
vous serez pêcheur d'hommes ! "

Jésus s'éloigne de la terre pour prêcher, parce qu'il
faut s'isoler du monde pour enseigner sûrement la
saine doctrine catholique. C'est la barque de Simon
qui lui sert de tribune, parceque la mission de l'enseignement est donnée à la Chaire de Pierre, et c'est du
haut de cette Chaire que ses successeurs, les Souverains Pontifes, feront entendre au monde les paroles
de la vérité !

Le monde moderne s'est fait une autre tribune du
haut de laquelle il proclame son propre enseignement :

c'est le journalisme. Il y a malheureusement plus de mauvais journaux que de bons, et il faut être en garde contre ces maîtres parfois aussi téméraires qu'ignorants.

Discoureurs souvent habiles,, mais superficiels, ils veulent parler de tout, juger toutes les questions, trancher toutes les difficultés et donner même des conseils à l'Eglise. S'il fallait les en croire, l'Eglise aurait des idées arriérées ; elle serait ennemie du vrai progrès, elle se ferait un tort immense en refusant de suivre la société moderne dans la voie des réformes et du rajeunissement. Le Pape, surtout, voudrait s'élever trop haut et s'attribuer un pouvoir trop grand. En le proclamant infaillible, l'Eglise commettrait une grande imprudence, sinon une erreur, et elle ferait bien mieux de laisser le monde libre de croire ou de ne pas croire à ce dogme nouveau.

Voilà une petite partie des erreurs que ces messieurs impriment, et les lecteurs sans défiance sont ainsi trompés. S'ils ont peu d'instruction, ils s'imaginent facilement que tout ce qu'ils lisent dans leur journal est vrai. Ils connaissent le rédacteur, qui passe pour un homme de talent et de probité, et ils ne peuvent croire mauvaise la nourriture qu'il leur distribue.

Quand le journaliste n'ose pas exprimer lui-même ses idées libérales, il en reproduit l'expression des journaux étrangers, et le danger est encore plus grand. Le lecteur croit volontiers qu'un écrit publié à Paris, à Londres ou à Berlin doit avoir un génie pour auteur, et il n'en, peut soupçonner la fausseté.

Il faut donc se défier de ces écrivains qui veulent entrer dans la barque de Pierre et tenir à sa place le gouvernail. Ce mauvais journalisme est la grande plaie de notre temps, et, si les bons journaux n'étaient pas là pour le tenir en échec, la société serait perdue. C'est Pierre qui est à la fois la tête et la base de l'Eglise catholique et c'est lui, mais non le journaliste, qui a reçu la mission d'enseigner les peuples. Le seul rôle du journalisme, c'est de répandre au loin les enseignements de Pierre !

Voilà le signe auquel les lecteurs doivent distinguer le bon journal du mauvais. Il est bon s'il défend ou enseigne les doctrines romaines, parce qu'alors ce n'est pas lui qui enseigne, mais Pierre dont il n'est que l'écho. Il est mauvais s'il attaque la Cour de Rome, s'il critique la grande institution de la Papauté et s'il prêche des réformes dans l'Eglise, sous prétexte de la mettre d'accord avec les institutions modernes.

Que l'écrivain soit habile tant que l'on voudra, qu'il vive à Québec ou à Montréal, à Paris ou ailleurs, si son journal n'est pas l'humble véhicule des doctrines romaines, il est mauvais ; et le lecteur doit se dire : je ne puis pas le réfuter, mais je suis sûr qu'il enseigne l'erreur, parce qu'il ne parle pas le langage de Pierre.

Que diraient les habitants de Kamouraska d'un savant qui, visitant leur beau village, s'écrierait : " Oh ! comme c'est laid ! comme rien n'est ici à sa place ! La mer ne devrait pas passer là, mais plus au sud ; cette île est mal faite et mal située ; cette montagne est un hors-d'œuvre et il n'y avait pas de raison de la planter là ; ces rochers sont taillés d'une

manière absurde, et contre toutes les règles de l'art"?
—Ils le traiteraient comme un fou et ils auraient raison, parceque le plus ignorant doit savoir que Dieu a
bien fait tout ce qu'il a fait.

Or, c'est ainsi qu'il faut en agir avec ces écrivains
prétentieux et ignorants qui ne sont pas satisfaits de la
constitution de l'Eglise et de la primauté de Pierre, et
qui voudraient changer tout cela.

La doctrine romaine est la seule vraie doctrine. Elle
est semblable à un beau lac placé sur le sommet de la
plus haute montagne. Ce lac ne reçoit que les eaux du
ciel, et jamais les ruisseaux, ni les marais, ni les
égouts de la plaine ne viennent en ternir le cristal.
Cette eau est pure, limpide, sans alliage, et, filtrant à
travers les rochers, elle roule dans toutes les directions
ses flots inépuisables pour étancher cette soif de la
vérité qui dévore le genre humain !

FIN DE LA PREMIÈRE PARTIE.

SECONDE PARTIE

CRITIQUE LITTÉRAIRE.

XIX

COUP D'ŒIL GÉNÉRAL SUR LA LITTÉRATURE FRANÇAISE
AU XIXᵢᵉᵐᵉ SIÈCLE.

Deux esprits.opposés se disputent l'empire du monde,
dit Mgr Gaume dans son admirable *traité du St-Esprit*.

Le domaine littéraire, comme le domaine religieux,
subit constamment l'influence puissante de ce duel
effrayant engagé sur la terre entre Lucifer et le St-
Esprit. De là dans la littérature de tous les siècles, deux
courants d'idées opposés, représentés à chaque époque
par deux écoles ou par deux classes de littérateurs.

Pour apprécier justement la littérature d'un siècle,
il ne faut pas perdre de vue cette vérité qui domine
toute l'histoire, l'histoire littéraire comme l'histoire
politique et religieuse de chaque peuple.

L'influence de ces deux puissances surnaturelles est plus ou moins apparente, plus ou moins forte à certaines époques ou chez certaines nations ; mais on en trouve toujours et partout la trace. Parfois l'Esprit du Bien domine, et la littérature est alors florissante de vigueur, de beauté et de vérité. Le Bien est son objet, la vertu son but, l'Eglise son amour. Ainsi fut le XVIIième siècle pour la France.

Parfois l'Esprit du mal l'emporte, et la littérature se fait l'écho de l'impiété et de la corruption des consciences. La voix de la Vérité est étouffée sous les sarcasmes, et l'Eglise est trainée devant le tribunal de l'opinion, comme Jésus dans le Prétoire, abreuvée d'ignominies, et condamnée par les valets et les cuistres littéraires. Tel fut le XVIIIième siècle, non seulement pour la France, mais pour l'Europe entière.

Parfois la lutte devient terrible et le résultat de l bataille est incertain. Alors se rangent sous deux drapeaux, deux armées puissantes. Alors s'érigent en face l'une de l'autre, deux chaires, deux écoles ayant à leur tête des intelligences d'élite et luttant de science, de lumière et d'habileté. Ainsi nous apparaît la littérature du XIXème siècle. Ainsi combattent aujourd'hui, aux portes de l'Eglise catholique les deux phalanges d'écrivains que les deux esprits ont enrôlés sous leurs étendards.

Ces deux écoles ont leur origine dans les deux siècles qui précèdent. L'une est l'enfant naturel du XVIIIième ; l'autre est la fille légitime du XVIIème, mais plus parfaite, plus grande, plus immaculée que son père. .

Certes, je ne suis pas de ceux qui dénigrent le XVIIème siècle, qui certainement valait mieux que le nôtre. Mais quand je fais un parrallèle entre sa littérature et l'école catholique de notre temps j'avoue que mes préférences sont pour celle-ci.

Un coup d'œil rapide jeté sur le passé et sur le présent pourra peut-être me justifier.

Le siècle de Louis XIV est une époque éminemment glorieuse pour la littérature et jamais la langue française n'était arrivée à ce dégré de perfection. L'apologétique chrétienne, la philosophie, l'histoire, et la poésie n'avaient jamais compté jusque là de plus illustres représentants. Bossuet, Fénélon, Bourdaloue, Pascal, Racine, Corneille, Descartes ? Quelle réunion éblouissante de génies !

Et pourtant, il y a là quelques taches. Bossuet est le père du gallicanisme ! Pascal est Janséniste ! Fénélon, Racine et tous les littérateurs de ce temps, ont la tache payenne ! La philosophie Cartésienne n'est pas exempte de tout danger.

Je ne parle pas de Boileau. Je n'ai jamais fort aimé ce vieux garçon à l'humeur acariâtre, qui ne voyait pas de poésie dans le Christianisme, et qui n'a trouvé dans nos temples qu'un lutrin qui valut la peine d'être chanté.

Je ne parle pas non plus de Molière ; Ses comédies n'ont corrigé personne, pas même sa femme, et elles ont fait mentir le *castigat ridendo mores*, des anciens, ni de Lafontaine dont les jolies fables n'ont pu faire pardonner les contes.

Enfin, malgré le lustre remarquable que la France du XVIIième siècle a ajouté au front de l'Eglise, je ne puis m'empêcher d'y voir deux sociétés vivant l'une sous l'autre, puis l'une à côté de l'autre, et se confondant à la fin en une seule, qui était digne de donner naissance au XVIIIième siècle.

Sous la société sincèrement religieuse qui avait à sa tête Bossuet, Bourdaloue, Fénélon, Racine, et autres, il y avait une autre société, qui d'abord ne se montrait pas au grand jour telle qu'elle était, et qui tout en fréquentant les Eglises était livrée au luxe, aux plaisirs et à la volupté.

Bientôt cette société releva la tête et afficha publiquement toute son élégante corruption. A coté de Madame de Maintenon trônait Ninon de Lenclos, dans l'opulence d'une luxure adulée, et l'aristocratie remplissait ses salons.

Molière et Lafontaine furent les échos de ce beau monde corrompu, et contribuèrent largement à populariser cette somptueuse luxure. Le Marquis de LaFare, l'abbé de Chaulieu, digne prédécesseur de l'abbé Prévost, continuèrent l'œuvre de Lafontaine et Molière, et se firent en poésie les apologistes de la licence des mœurs.

Quand la Régence arriva, Ninon de Lenclos avait éclipsé Mme. de Maintenon. Le XVIIIième siècle recueillait de son prédécesseur une dangereuse succession. La corruption, partant des marches du trône, descendait dans les rangs inférieurs de la société, et n'attendait plus que Voltaire et ses disciples pour se répandre dans toutes les classes de la nation. Rousseau et Voltaire furent les deux larges canaux par lesquels cette semence délétère se répandit parmi le peuple.

Voltaire était l'Esprit du mal fait homme. Sa mère avait des mœurs plus que légères, et l'on a lieu de soupçonner que l'abbé de Châteauneuf qui l'a tant aimé et protégé, était son père ! L'homme qui devait faire toute sa vie la guerre à Jésus-Christ et à son Eglise, méritait bien d'avoir cette honteuse origine ; et le rôle qu'il a rempli était bien digne d'une naissance adultère et sacrilége.

Voltaire fut le roi de son siècle. Il entraîna avec lui la société dans l'abîme. Rousseau, Montesquieu, Diderot, D'Holbach, Dalembert et plusieurs autres vinrent lui aider à démolir le temple catholique ; chacun arracha sa pierre qui roula sur la France avec un grand bruit. En même temps les continuateurs de Molière, Beaumarchais, LeSage et l'abbé Prévost précipitèrent la dissolution des mœurs en popularisant et répandant partout la littérature légère, sceptique et railleuse. Figaro, Gil-Blas et Manon Lescaut sont les descendants en ligne directe de Tartufe et du Misantrope.

Il y eut pourtant dans ce siècle même où l'esprit du mal l'emportait, une école catholique subissant l'influence de l'Esprit du bien et combattant pour son triomphe.

Il y eut l'abbé Guénée, parfait écrivain, plein d'érudition, et polémiste spirituel, qui réfuta victorieusement les attaques de Voltaire contre la Bible. Il y eut Fréron, très-habile journaliste, qui fit passer de mauvais quarts-d'heure au patriarche de Ferney. En histoire il y eut LeBeau, et en poésie, Gilbert, qui mourut à l'hôpital, et André Chénier, qui porta sa tête sur l'échafaud.

Mais ces voix furent isolées et le vieil Arouet était à peine enterré que l'Eglise française et la royauté chancelaient déjà sur leurs bases. Hélas ! l'esprit du mal allait être victorieux.

Mais Figaro avait fait fortune. Il était parvenu au faîte de la grandeur. Il échangea son nom contre celui de Robespierre et son rasoir contre la guillotine. Le torrent de sang qui inonda la France opéra soudain une double réaction littéraire, réaction contre le paganisme, réaction contre la littérature sceptique et railleuse ; et le XIXème siècle commença.

Châteaubriand réagit contre le paganisme littéraire ; de Maistre contre la raillerie impie. Ils furent deux chefs d'école, et ils ont exercé une influence immense, à des degrés divers. Une grande distance les sépare pourtant. On pourrait dire que Châteaubriand a fait le tour du temple Catholique pour en admirer les formes, mais qu'il n'y est pas entré ; tandis que de Maistre a parcouru l'intérieur de l'édifice et a même creusé jusqu'en ses fondements pour montrer au monde la pierre inébranlable sur laquelle il est assis. Châteaubriand a débarrassé la littérature française des langes payens dont la Renaissance l'avait enveloppée. Il a démontré que le Christianisme est le champ le plus vaste, le plus fécond et le plus riche en beautés qui puisse s'ouvrir à la poësie et à l'éloquence.

C'est un titre ineffaçable à la reconnaisance du monde Catholique.

Malheureusement, Châteaubriand ne sut pas se garantir entièrement des émanations malsaines du XVIIIème siècle. On trouve, particulièrement dans quelques-unes de ses œuvres, des traces visibles de la mélancolie et du sensualisme de Jean-Jacques Rousseau. Ce fut un germe de décadence qui a produit ses fruits, et les disciples du grand homme ne font pas tous honneur à l'Eglise.

Celui qui a donné à notre siècle la vraie impulsion Catholique, c'est de Maistre. Ses connaissances étendues, sa foi ardente, son style magique, sa position élevée dans l'échelle sociale, lui donnèrent une influence et une force remarquables qu'il employa au service de la vérité Catholique.

De Bonald apparut en même temps, et leurs génies élevèrent une digue au torrent révolutionnaire. L'école catholique du XIXème siècle était fondée.

Ah! grace à Dieu, nous pouvons parcourir avec orgueil toute la littérature catholique de ce siècle, et nous aurons droit d'être fiers en la comparant à l'école du mal. Plus heureux que nos frères du siècle dernier, nous n'avons pas la douleur de voir la plus grande somme d'intelligence dans le camp des ennemis.

Je suis de ceux qui éprouvent la plus vive admiration pour la littérature de l'école Catholique contemporaine, et il me semble qu'elle a moins de taches que celle du XVIIème siècle. Ce qui manque particulièrement à celle-ci, c'est la vie. Ses monuments sont

grands, splendides. Je les admire, je les contemple
avec étonnement. Mais ils sont froids, et ils captivent
mon intelligence plutôt que mon cœur.

Une image fera mieux comprendre ma pensée.

Du lieu où j'écris, j'aperçois sur la mer des îles
verdoyantes qui reposent agréablement la vue, et des
navires majestueux qui louvoient sous la brise, comme des goëlands énormes, les aîles tendues. Ces rochers qui dominent la mer et dont la crète est couronnée d'une riche végétation, m'en imposent par leur
masse, leur structure, leur grandeur et leur élévation.
Mais ces beaux navires qui se balancent sur la vague,
et qui luttent de vitesse pour arriver au but, m'inté-
ressent et me plaisent davantage, parce qu'ils ont du
mouvement et de la vie. Une âme les habite et les
anime, une intelligence les dirige, un port les attend.

Ainsi en est-il des deux littératures que je compare.
et pour nous, enfants d'un siècle exubérant de vie et
d'activité, c'est l'action, le mouvement et la vitalité
qui nous passionnent.

Aussi, quelle jouissance de parcourir cette bibliothèque si variée dont l'école catholique a doté la littérature contemporaine ! Quel plaisir pour l'esprit !
Quel bonheur pour le cœur ! Quel bien pour l'âme !
Ici je vois les œuvres des grands évêques dont l'Eglise
s'honore : Pie, évêque de Poitiers, Parisis, évêque
d'Arras, Gerbet, évêque de Perpignan, Berteaud, évêque
de Tulle, Plantier, Dupanloup, de la Bouillerie et
tant d'autres.

Là resplendissent les Conférences des grands prédicateurs, Lacordaire, de Ravignan, Ventura, Félix.

Plus loin c'est Mgr Gaume ajoutant les volumes aux volumes, les remplissant tous de savoir et d'éloquence et les animant du plus pur amour de la vérité. C'est l'abbé Martinet, philosophe et littérateur, revêtant les doctrines philosophiques d'une forme agréable, et indiquant aux peuples la solution des grands problèmes qui les agitent. C'est l'abbé Rohrbacher, consacrant trente années de sa vie à refaire l'histoire ecclésiastique au point de vue des doctrines romaines. C'est Maupied exposant dans un ouvrage des plus savants et des mieux écrits les lois éternelles de l'Eglise et des sociétés humaines. C'est l'abbé de Solesmes combattant avec la science et l'ardeur d'un bénédictin, le naturalisme dans l'histoire et le gallicanisme en théologie, et faisant resplendir aux yeux de ses lecteurs toute la poésie de la liturgie romaine.

Je voudrais pouvoir les nommer tous ; mais ce serait à n'en plus finir tant le clergé français a fourni d'illustrations à la littérature contemporaine. Il y a l'abbé Darras, l'abbé Maynard, l'abbé Bautain et bien d'autres encore qui se sont montrés d'illustres et savants défenseurs de la Vérité ; mais je ne veux jeter qu'un coup d'œil rapide sur la littérature contemporaine et je passe.

Les écrivains laïques ne sont pas restés en arrière dans ce grand mouvement littéraire et religieux dont le commencement de ce siècle a été témoin.

De Maistre, de Châteaubriand, de Bonald sont morts, mais leurs œuvres et leur esprit ont survécu. Le plus illustre disciple de de Maistre, celui qui l'a surpassé, c'est Louis Veuillot. C'est lui qui marche maintenant à la tête de l'école catholique, et certes, il sait se montrer digne de ce poste d'honneur ! C'est lui qui est l'homme de lettres le plus parfait et le plus complet de cette époque.

Mais il n'est pas seul à défendre la cause catholique. Quels noms plus dignes de gloire dans l'histoire littéraire et religieuse de ce temps que Nicolas, Ozanam, Montalembert, de Falloux, Eugène Veuillot, Du Lac, Chantrel, Léon Gauthier, Nettement et un grand nombre d'autres que je pourrais nommer encore ? Queis beaux monuments plusieurs d'entr'eux ne laisseront-ils pas à la postérité, dans l'histoire, dans la critique, dans la politique chrétienne ; et, malgré les tendances gallicanes et libérales de Montalembert et de Falloux, qui se sont égarés quelque temps avec Mgr L'Evêque d'Orléans, quels services éminents n'ont-ils pas rendus à la cause catholique !

Hélas ! en dépit de toutes ces gloires vraiment françaises et catholiques, l'Esprit du mal a ses apôtres et ses défenseurs en grand nombre dans la patrie déchue de Charlemagne et de Saint Louis. En face de l'école catholique, on a vu grandir et prospérer un véritable pandémonium de toutes les hérésies, de toutes les impiétés.

C'est là qu'on a vu un Renan se poser en face du Christ, et lui dire audacieusement : Tu n'es pas Dieu ! C'est là qu'il s'est rencontré un Taine, un Michelet qui ont chassé Dieu de l'histoire, et tenté d'expliquer tous les événements humains par les causes naturelles, le sol, le climat, la nature. Il s'est trouvé des poëtes, des auteurs dramatiques, des romanciers qui ont nié

l'immortalité de l'âme et proclamé les jouissances matérielles comme le but unique de l'homme en ce
monde ! On a entendu un énergumène s'écrier : la
propriété, c'est le vol ; Dieu, c'est le mal ! Un Edmond
About a proclamé les grands singes de l'Afrique cen-
trale, pères de l'humanité, et divinisant le progrès indéfini de la matière et de l'industrie, il a prophétisé
que l'industrie en viendrait à créer des hommes sans
vices, comme elle a créé des taureaux sans cornes !
Un Victor Hugo a dépensé toutes les forces d'un génie
puissant, pour substituer la Révolution à l'Eglise,
comme la véritable institutrice du genre humain !

Je n'en finirais pas si je voulais indiquer toutes les
absurdités, et toutes les impiétés qui ont cours dans
cette école du mal. Que de noms y ont conquis une
triste célébrité, dans la philosophie, dans l'histoire,
dans l'économie sociale, dans la critique littéraire, dans
la poésie et dans le roman ! Cousin, Jules Simon,
Proudhon, Louis Blanc, Quinet, Leroux, Considérant,
Sainte-Beuve, Béranger, Musset, Théophile Gauthier,
Henri Heine, Dumas, Sue, Balzac, Soulié, George
Sand et vingt autres consacrent leurs talents et leurs
veilles à démolir cette immortelle et divine institution
qu'ils appellent une *vieillerie*, et que nous nommons la
Sainte Eglise de Jésus-Christ.

Ah ! leur œuvre de destruction n'est pas finie, et
elle ne le sera jamais. C'est en vain qu'ils entasse-
ront tous les mensonges, toutes les utopies, tous les
systèmes, toutes les calomnies, toutes les corruptions
pour en finir avec le Christianisme. Chaque fois que
l'un d'eux arrache une pierre de l'édifice, il se rencon-

tre un écrivain catholique qui la ramasse et la replace ; et toutes les découvertes de l'histoire, comme tous les perfectionnements de la science donneront à l'Eglise un nouvel éclat et de nouvelles splendeurs !

Je crois au triomphe prochain de l'Eglise. L'ensemble des œuvres si nombreuses et si belles de l'école catholique, répandra dans le monde tant de lumière que les peuples en seront éclairés.

J'espère que la littérature canadienne saura s'inspirer de la grande école catholique du 19ème siècle, et je prie mes jeunes compatriotes qui veulent entrer dans cette carrière, d'y choisir leurs modèles.

Nous entrons tous dans la littérature par une porte particulière qu'un grand homme du passé ou du présent vient nous ouvrir. Pour les uns, cet homme a été Homère, ou Dante, ou Virgile ; pour d'autres il a été Bossuet, ou Shakespear ou Voltaire. Pour moi cet homme a été Louis Veuillot. C'est lui qui m'a introduit dans le vestibule de cette école catholique dont je compte les colonnes et dont j'étudie les splendides ornements.

De nos jours un bon nombre entrent dans le domaine littéraire par Lamartine et Victor Hugo. Ce sont des guides dangereux, comme je le démontrerai plus loin.

Ce qu'il faut à notre pays c'est une littérature franchement, entièrement catholique, sans alliages, sans faiblesses, sans complaisances pour l'erreur, lors même qu'elle se présente avec le prestige du talent et de la renommée ; et je ne saurais recommander assez à nos jeunes littérateurs, dont plusieurs ont déja fait preuve des plus beaux talents, de ne pas s'abreuver à ces sources empoisonnées que je viens d'indiquer en passant. Ils y perdraient deux choses qui seules font les bons citoyens et les grandes nations, le patriotisme et la Foi.

XX

LOUIS VEUILLOT ET SES CRITIQUES.

Un écrivain qui ne manque pas de talents, vient de publier un essai critique sur le grand polémiste catholique qui fait l'honneur de la France et de l'Eglise. Je ne puis laisser passer inaperçue cette critique injuste, qui ne peut faire aucun mal à M. Louis Veuillot, mais qui pourrait détourner quelques lecteurs de ses œuvres admirables.

" M. Louis Veuillot, nous dit-il d'abord, est, quant à la " forme, le premier écrivain de son temps. " Nous prenons acte de cet aveu, et nous demandons alors à notre critique pourquoi il a pris la plume. Veut-il blâmer le fond des écrits de M. Veuillot ? Veut-il com-

battre ses doctrines, ses enseignements et ses principes ?—Mais il avouera sans peine qu'il n'est pas armé
pour ce combat ; et il doit savoir d'ailleurs que les
enseignements de M. Louis Veuillot sont conformes
aux doctrines catholiques romaines, et qu'il n'y a là
rien à blâmer. Si donc M. Louis Veuillot est un
écrivain parfait quant à la forme, et si le fond de ses
écrits est irréprochable, que vient faire ici notre Zoïle ?

Voici comment il poursuit : '' Mais quand on veut
'' juger de ses idées et de ses sentiments, de son rôle
'' comme journaliste et de sa nature d'écrivain, il faut
'' distinguer. ''

C'est la façon de ces catholiques libéraux de toujours
distinguer, lorsqu'ils veulent concilier des choses in-
conciliables, et M. le critique use de ce procédé.
Toutes ses distinctions, enfilées dans une longue phrase fort mal construite, sont plus ou moins obscures,
plus ou moins contradictoires et composent un galima-
tias achevé. Je les résume :

'' M. Louis Veuillot est un chrétien sincère ; mais
la charité, pour lui, n'est pas une vertu chrétienne,
et il assouvit sans scrupule ses colères et ses haines
n'importe sur qui, n'importe à quel prix. M. Louis
Veuillot est un pieux personnage ; mais il n'oublie et ne
pardonne jamais, et dans l'emportement de sa colère
il n'hésite pas à aller frapper jusque sur le sein de
l'Eglise ses ennemis personnels. C'est un publiciste
orthodoxe ; mais il n'a jamais sacrifié une vengeance à
l'intérêt de l'Eglise, non plus qu'une peinture crue aux
susceptibilités de ses lecteurs. ''

Et voilà comment, au moyen du *distinguo* catholique libéral, on peut rapprocher des choses qui se repoussent. Et c'est en distinguant de la sorte que l'Eglise qui est sainte pourrait se rapprocher de la société qui est pervertie !

Que veut démontrer le critique avec toutes ces distinctions ?—Que veut-il dire encore lorsqu'il ajoute ces petits faits historiques aux trois quarts inexacts : que Louis Veuillot a fondé l'*Univers*, mais qu'il a écrit dans le *Figaro ;* qu'il était l'ami de St-Beuve ; que Pontmartin et lui en sont aux petits soins ; qu'il montre, enfin, de l'indulgence pour Arsène Houssaye ?—Veut-il, après un millier d'autres, essayer d'établir que Louis Veuillot est un Tartufe ?—C'est évidemment le fin mot qu'il n'ose pas dire, mais qu'il laisse suffisamment entendre.

Quelle pitié ! Et qu'il serait risible, si ce n'était affligeant, de voir ce pygmée se dresser sur la pointe des pieds pour atteindre et égratigner l'une des plus grandes figures des temps modernes !

Oui, Monsieur, vous l'avez dit : Louis Veuillot est quant à la forme le premier écrivain de son temps ; et puisque vous sentiez le besoin de faire des distinctions, il fallait distinguer en lui le polémiste, le poète et l'historien, l'artiste et le penseur. Il fallait le représenter, unissant et combinant ensemble le style classique du XVIIème siècle et le style romantique du XIXème, et composant ce style inimitable que vous nous donnez et que nous acceptons pour modèle. Il fallait indiquer ces chefs-d'œuvre qui ont popularisé ce grand style, et qui font de Louis Veuillot le premier des écrivains

et l'égal dès grands penseurs de notre siècle ! Ah ! que
Louis Veuillot serait bien différemment jugé dans le
monde si l'on voulait prendre la peine, ou plutôt s'ac-
corder le plaisir de le lire !

Rome et Lorette, *Ça et là*, le *Parfum de Rome,* les
Historiettes et Fantaisies, contiennent plus de vraie
poésie que. toutes les œuvres de Lamartine et de
Victor Hugo. On parle avec éloge des *Impressions de
voyage* d'Alexandre Dumas : qu'est-ce pourtant à côté
de certaines pages des livres que je viens d'indiquer ?
Et quand le poëte lyrique fait place au conteur et au
paysagiste, quels récits charmants coulent de sa plume !

Les *Libres-Penseurs*, les *Odeurs de Paris*, le *Fond de
Giboyer*, sont avec l'*Univers* des œuvres essentiellement
militantes, où tous les sots et les incrédules sont
raillés, où toutes les erreurs sont sifflées et flagellées !
Le style en est animé, entrainant, énergique, passion-
né, et l'esprit jaillit à chaque ligne, comme la vapeur
qui s'échappe d'une eau bouillante !

L'historien de premier ordre se révèle dans le *Droit
du Seigneur*, les *Français en Algérie*, la *Vie de N.-S.
Jésus-Christ*, et dans une grande partie de ses *Mélanges*,
espèce d'encyclopédie pleine d'érudition et de modèles
de style.

Que dire de ces magnifiques études du cœur humain et de ces spirituels croquis que contiennent
Pierre Saintive, *Corbin et d'Aubecourt*, et l'*Honnête
femme* ? Tous les replis les plus intimes du cœur,
toutes les nuances les plus délicates du sentiment y
sont révélés avec un art et un charme infinis ; et
quant au style, il est parfois pompeux et éclatant, le

8

plus souvent gracieux, délicat et fin, mais toujours marqué au coin de l'atticisme le plus pur mêlé de bon sel gaulois. Léon Gautier appelle *Corbin et d'Aubecourt* le chef-d'œuvre de la langue française, et ajoute qu'on le croirait écrit par la plus délicate et la plus douce de toutes les jeunes filles.

Mais ce n'est pas tout d'indiquer ainsi en courant les œuvres principales du grand écrivain. Il faut montrer son rôle et la place qu'il a su prendre dans le monde de la littérature et des idées. Louis Veuillot n'est pas seulement supérieur à ses adversaires par les œuvres et par le génie ; il l'est encore par l'influence. Il est, dans toute la force du mot, l'homme de son siècle, et s'il se produit encore dans le domaine littéraire quelque chose de viril, au milieu de toutes les œuvres dissolvantes que la littérature contemporaine a répandues dans le monde, nous oserions dire que c'est à lui qu'on le doit.

En ces temps où tous les progrès tendent au perfectionnement de la matière, où le monde est entraîné, par une force presque invincible, à matérialiser pour ainsi dire toutes les idées, il a su revêtir les idées catholiques d'une forme acceptable pour les tendances de son siècle. Adversaire né des principes libéraux, il fallait pour les combattre employer un langage qui fût compris et qui fût goûté. Il a donc ramassé ces deux éléments littéraires, alors en vogue, le romantisme et le réalisme, et il les a christianisés. Ces germes de mort de la littérature contemporaine, il s'est efforcé de leur donner la vie en les transformant ; et de les féconder en y appliquant toute la·puissance artistique dont la Providence l'a doué !

· Les romanciers les plus célèbres de nos jours ont mis à nu toutes les laideurs de l'humanité ; ils sont descendus dans tous les bas-fonds de la société pour en révéler les vices ; ils ont exploré tous les égoûts, et en lui montrant la profondeur de ses misères, ils ont cru qu'ils régénéraient l'homme. Les insensés ! A côté du vice, ils ont oublié de peindre la vertu ; ils ont montré le mal, et n'ont pas indiqué le remède ; ils ont vu le poison, et n'ont pas découvert l'antidote sans. lequel les sociétés seront perdues !

Cette œuvre qu'ils ont négligée, Louis Veuillot l'a accomplie dans la mesure de ses forces. Comme eux il a sondé l'abîme, mais il a jeté dans ses profondeurs un rayon de la lumière divine. Comme eux il a dévoilé l'abomination des sociétés modernes, mais il les a flagellées comme elles devaient l'être, et il n'a jamais oublié de leur indiquer le chemin qu'elles doivent suivre et les vertus qu'elles doivent pratiquer.

Au-dessus de la matière où elles s'agitent misérablement, il leur a ouvert des horizons infinis où l'air est plus pur et le ciel plus limpide. Au fond de tous les carrefours du matérialisme, il. a allumé de célestes flambeaux. Au-delà du réel enfin, il a montré l'idéal éternel qui est Dieu !

. L'ensemble de ses œuvres nous fait l'effet d'un immense et splendide édifice dont la foi catholique est la base, dont les principes chrétiens sont les colonnes et dont. Dieu est le couronnement. Partout la vérité éternelle y resplendit, et partout l'œil expert peut.admirer les beautés et les décorations de l'art chrétien.

Mais, nous dira-t-on, et toutes les phrases de ses accusateurs peuvent se résumer dans celle-ci : " Ses œuvres manquent d'amour et de charité ; elles sont pleines de foi, mais aussi de haine."

La meilleure réponse à cette accusation est la supériorité même de Louis Veuillot comme artiste chrétien ; car il n'y a pas d'art possible sans amour. Ce qui manque aux œuvres païennes, c'est précisément cet amour surnaturel que la religion chrétienne a révélé au monde. Il y a bien dans les livres païens l'amour naturel, l'amour charnel, mais cettte flamme immortelle que Jésus-Christ est venu allumer dans le cœur humain, et qui relie la créature au créateur, est absente—ce qui fait que l'art païen est absolument incomplet.

Qu'il en est bien autrement des écrits que nous apprécions ! Qu'on les lise, qu'on les étudie, qu'on les médite, et l'on y sentira l'amour déborder à chaque page, non pas l'amour charnel, mais cet amour divin dont les autres amours sont les émanations, et vers lequel ils retournent comme à leur source, leur vie et leur fin ! Partout le chrétien apparaîtra épris d'une sainte flamme pour l'Eglise de Dieu et pour son Christ, et puisant dans cet amour ce lyrisme soutenu et cette vraie poésie qui font le charme de ses œuvres !

Mais l'amour n'exclut pas l'indignation ; au contraire, plus il est grand et plus terrible est la colère, lorsque l'objet aimé est insulté. Or cette Eglise divine, à laquelle il a voué sa vie et son génie, Louis Veuillot l'a vue insultée, méprisée, bafouée ! Il a vu des scribes ignorants et sacriléges souffleter sa face auguste, et barbouiller de leur encre sa robe immaculée ! Il a entendu toutes leurs irrévérences, toutes leurs impiétés, tous leurs blasphèmes !

A cet irritant et perpétuel spectacle, l'indignation est entrée dans son âme. Le mépris est monté de son cœur à ses lèvres comme une écume, et il a lancé cette écume à la face des ennemis ! Alors s'est engagée cette lutte surhumaine qu'il soutient depuis plus de vingt ans contre la libre pensée, et ceux qui ont suivi ce grand combat savent si le polémiste catholique a été épargné.

Pendant plus de vingt ans il a été traîné sur la claie du journalisme libre-penseur. Il a été injurié, moqué, calomnié dans ses convictions, dans ses principes, dans son amour, dans sa foi, dans sa réputation, dans son honneur ! On l'a appelé *crocheteur ivre, assassin, fils de prostituée*, etc., etc., etc., etc., ; on a diffamé sa famille, calomnié sa mère, et il s'est trouvé dans son pays des tribunaux qui l'ont emprisonné pour avoir osé défendre un célèbre prédicateur catholique. Des histrions ont traîné sur les théâtres et livré au mépris de la multitude, son rôle, ses principes et sa foi, et la pièce diffamatoire a fait le tour de la France avec l'agrément de son Souverain ! Toutes les insultes, toutes les avanies, tous les mensonges, toutes les souillures ont été accumulés sur son nom et sur son œuvre ! L'homme le plus vilipendé du XIXme siècle, c'est lui ! Le citoyen le plus indignement traité par le gouvernement de son pays, c'est lui ! Le chrétien dont la sincérité a été le plus souvent soupçonnée, et dont l'œuvre a été le plus injustement combattue par ses frères, des écrivains catholiques, c'est lui !

Et l'on s'étonne après cela de voir tomber de sa plume des paroles acerbes ! Et des catholiques l'ont blâmé de s'être fait *bâtonniste devant l'Arche*, et d'en éloigner les profanateurs à coups de fouet et de bâton ! C'est mon métier en effet, s'écrie Louis Veuillot dans le *Fond de Giboyer*. On m'a accusé de vouloir faire le curé et même l'évêque ; Emile Augier me rend plus de justice. Je ne me suis jamais proposé que le rôle du suisse qui fait taire les mauvais drôles et met les chiens à la porte, afin que le service divin ne soit point troublé.

Chacun a sa mission dans ce monde. Celle de Louis Veuillot est évidente pour tout esprit non prévenu : il devait être pour le libéralisme ce que Voltaire a été pour le christianisme, et quand nous voyons l'œuvre qu'il a accomplie, nous tenons bien peu compte de certaines paroles trop véhémentes échappées dans la chaleur de la discussion.

Que ceux qui sont scandalisés du style indigné de Louis Veuillot, relisent et méditent le chapitre XXIII de l'Evangile de saint Mathieu, qui a si fort scandalisé M. Renan. L'apologétique chrétienne au XIXme siècle a dû descendre souvent sur un terrain où l'habit ecclésiastique eût peut-être été déplacé. C'est dans cette arène que Louis Veuillot est entré et qu'il a livré bataille au libéralisme sous toutes les formes et sous tous les déguisements. Léon Gautier le compare à Tertullien ; " mais, ajoute-il, c'est un Tertullien que

l'orgueil ne précipitera pas dans l'erreur, et qui saura
toujours rester à genoux devant l'infaillibilité toujours
écoutée, toujours respectée, toujours aimée! Nous
nous associons à ces paroles, et nous nous permettons,
après la *Correspondance de Rome*, d'appeler Louis
Veuillot *notre illustre maître!*

XXI

LOUIS VEUILLOT ET SES AMIS.

Il y a dans notre pays des gens nerveux. Nous ignorons de quel singulier tempérament ils sont affligés ; mais il y a certaines choses et certains noms qui produisent sur leur organisation un choc électrique qui les irrite et les enflamme.

Raillez agréablement les hommes et les choses respectables, moquez-vous de ce que l'homme doit vénérer : ils se pâment d'aise et vous applaudissent. Mais si vous avez le malheur de parler gravement de matières graves, si vous écrivez dignement sur les choses religieuses, et surtout si vous prononcez le nom de Louis Veuillot, le choc électrique est produit, et la crise de nerfs se traduit par des injures débiles et ridicules.

Laissons-les faire, et complétons aujourd'hui notre *esquisse littéraire* sur Louis Veuillot. C'est particulièrement le journaliste que nous apprécierons, ou plutôt, que nous montrerons loué, admiré, encouragé par les plus hautes autorités dans l'œuvre essentiellement catholique qu'il a créée, " l'*Univers.* "

Ce journal et son nom sont dorénavant inséparables. La vraie arme, l'arme de précision, dit-il quelque part, c'est le journal. C'est l'arme, en effet, qu'il sait manier, c'est l'épée dont il sait faire usage. Son journal et sa vie sont intimement liés, et celui qui écrira l'histoire de l'*Univers* écrira celle de Louis Veuillot. C'est donc sur ce théâtre qu'il faut juger le grand homme, qui, se servant de son journal comme David de sa fronde, a terrassé tant de Philistins.

Nous nous sommes souvent demandé ce que Voltaire fût devenu s'il s'était trouvé en face de Louis Veuillot et de l'*Univers.* C'était l'adversaire naturel qu'il eût dû rencontrer, si la Providence n'avait pas voulu laisser triompher le mal pour un temps. Comme ce grand esprit qu'on a tant admiré eût alors pâli ! Comme tous ses mensonges et toutes ses infamies eussent été démasqués ! Et comme son influence sur les hommes de son temps eût été nullifiée !

Nous nous représentons cette idole des impies, qu'un orgueil satanique dominait, et qu'une piqûre d'épingle mettait en fureur, écumant sous la férule de Louis Veuillot, sentant pénétrer dans sa chair ces pointes acérées, toujours lancées d'une main si sûre, perdant contenance et divaguant comme un homme en délire. Nous voyons d'ici le grand polémiste catholique, calme dans sa force et confiant dans sa foi, retournant la flèche dans la plaie vive, écrasant l'impie sous les sarcasmes, et comme résultat définitif, Voltaire réduit aux proportions des Havin, des Jourdan et des Labédollière !

Il est convenu dans un certain monde que Louis Veuillot est un écrivain brutal, exagéré, intolérant et hypocrite. On le dit, on le répète, on le fait croire, et cette appréciation est accréditée dans les salons, par des personnes bien intentionnées qui n'ont jamais rien lu de l'illustre écrivain, ou qui en ouvrant ses livres y ont senti une odeur de sermon qui les a fait fuir. On ignore trop volontiers ses œuvres et les services qu'il a rendus à la cause catholique, et l'on compte avec trop de complaisance le nombre de ses ennemis ! Nous avons déjà parlé de ses œuvres et de son rôle : il n'est pas inutile de compter aujourd'hui ses amis et d'en apprécier l'autorité et le mérite.

Dans le domaine littéraire, les critiques les plus distingués lui ont rendu justice. Nous avons déjà cité Léon Gauthier : citons aujourd'hui Alfred Nettement et Armand de Pontmartin, auxquels les raisons ne manquaient pas pour ne pas admirer le polémiste.

Le premier, n'appréciant que le journaliste, dit :
" C'est un rude chrétien, plein de foi et de zèle, mais
" aussi dur envers les autres qu'il l'est ici avec lui-
" même, orateur éloquent au besoin, poëte à ses heu-
" res, polémiste toujours, par-dessus tout grand
" pamphlétaire, puissant satirique, parce que ce juvé-
" nal catholique n'a pas été élevé dans les cris de l'é-
" cole, mais à l'école de la foi, et que ses hyperboles

" les plus violentes sont les cris d'une passion vérita-
" ble qui frappe, flagelle à outrance les ennemis de
" son Dieu. Il nous l'a dit lui-même, il est plus
" encore le disciple du Dieu terrible que du Dieu clé-
" ment ; il appuie donc sur le ressort de la crainte
" bien plus que sur celui de la miséricorde."

Le second, jugeant ses livres plutôt que son journal,
ne peut assez admirer " tout ce qu'il y a dans " Çà
" et là », par exemple, d'esprit, de verve, de sève puis-
" sante, de fine raillerie, de sensibilité profonde, de
" piété douce ou véhémente, de poésie vraie, de sel
" gaulois."

Il parle avec enthousiasme de " ce livre catholique
" et dévot, et cependant plus agréable à lire que nos
" œuvres les mieux pourvues d'épices voltairiennes
" ou galantes ; ce livre où on respire à pleins pou-
" mons l'amour de Dieu, du beau, de toutes les gran-
" des perspectives de l'art et de la nature ; où circu-
" lent les plus suaves parfums de la Bretagne
" chrétienne, les plus salubres arômes de l'océan et
" de ses plages ; où de beaux vers s'épanouissent, non
" pas comme une broderie ou une parure, mais
" comme les fleurs de ces plantes agrestes, fécondées
" par la rosée du ciel. Satire, prière, paysage, élégie,
" cantique, églogue, légende, sonnet, roman, ballade,
" sermon, il y a de tout cela dans " Çà et là, " dans
" cette école buissonnière où se joue, en mille frais
" sentiers jalonnés de croix, un des plus vigoureux
" esprits qui aient jamais flagellé le sophisme, l'im-
" piété et le mensonge."

" La presse irréligieuse et révolutionnaire, dit plus
" loin M. de Pontmartin, a trouvé commode de créer
" un Veuillot légendaire, une sorte d'Alcide du Nord,
" trempé d'eau bénite, n'ayant d'autre arme que la
" massue, d'autre force que l'injure," et l'éminent publiciste fait justice de cette appréciation. Nous prions
notre critique, qui ne paraît connaître que le type
légendaire, de relire cette causerie de M. de Pontmartin pour mieux apprécier le Veuillot catholique.

Dans une autre étude, M. de Pontmartin prétend
que souhaiter M. Veuillot différent de ce qu'il est, et
lui demander des ménagements, c'est tout simplement
méconnaître ce qui fait sa gloire et sa force. " Notre
" époque, ajoute-t-il, n'est pas assez riche en carac-
" tères ; elle est trop aisément sujette à effacer les an-
" gles et les saillies qui blessent sa noble indiffé-
" rence, trop portée aux accommodements diplomati-
" ques, aux à-peu-près mondains, aux transactions de
" principes souscrites par les amours propres, aux so-
" ciétés d'assistance mutuelle commanditée par les
" ambitions infirmes et les vanités rachitiques, pour
" que nous ayons bonne grâce à recevoir qu'à correc-
" tions un homme dont le principal défaut est de dire
" tout ce qu'il pense, d'appeler les gens et les choses
" par leurs noms et de préférer les coups de boutoir
" aux coups d'épingle. "

Voilà comment M. L. Veuillot a été jugé par ces
deux habiles critiques qui, pourtant, n'étaient pas
exempts de préventions, le premier à cause de ses
principes légitimistes, et le second, à raison de ses tendances libérales.

Mais quelque flatteurs que soient ces éloges, ils ne sont rien si nous les comparons aux suffrages si éminents et si mérités qui n'ont jamais manqué à Louis Veuillot aux époques pénibles de sa carrière, de journaliste. C'est maintenant que nous allons voir quels sont véritablement ses amis, et avec quel cortége imposant de prélats il a toujours marché. C'est maintenant que nous allons pouvoir apprécier cet ensemble de doctrines que certains folliculaires osent appeler le *Veuillotisme* et qui a toujours mérité l'approbation des plus hautes autorités de ce monde.

Approchez, folliculaires, et osez faire entendre vos débiles sifflets au milieu du concert d'éloges qui s'élève des lieux les plus autorisés, pour encourager et soutenir le grand défenseur de l'Eglise Romaine.

L'*Univers* était fondé. Renonçant à une position très-lucrative dans l'administration, Louis Veuillot lui consacra son talent ; et dès ce moment les impies comprirent que le parti catholique allait exercer sa part d'influence sur l'opinion publique. Le journal prit une importance qui les étonna, et Louis Veuillot en fut bientôt la personnification la plus redoutable.

L'œuvre était noble et sainte, et c'est avec raison que Louis Veuillot la qualifiait ainsi : " une conspiration de dévouement, ourdie par quelques hommes ayant vie et courage, au profit de ces deux mots qui représentent tant d'idées méconnues : " *Eglise* et *Patrie*. " C'est dire qu'elle prospéra, mais c'est dire aussi qu'elle dut passer par les épreuves.

Quelques dissentiments politiques, quelques différences d'opinion sur la question de la liberté d'ensei

gnement, vinrent trop tôt semer des grains d'ivraie
parmi le bon grain. Certaines difficultés furent soulevées et apaisées, et soudain, à propos de la fameuse
question des classiques, la guerre fut déclarée à l'*U-
nivers.* Est-il nécessaire d'ajouter que Mgr Dupanloup prit bientôt la tête des assaillants et porta à l'*U-
nivers* les coups les plus terribles ? La querelle s'enve-
nima, et pour y mettre fin, Louis Veuillot, que l'on
représente si volontiers comme un entêté qui ne pardonne et ne cède jamais, Louis Veuillot retraita.

Mais il emporta dans sa retraite des approbations
qu'on ne doit pas ignorer. Son Eminence le Cardinal Gousset avait pris fait et cause pour l'*Univers,* et
dans une lettre écrite à cette occasion, il plaçait la
question sur son véritable terrain en disant : " La
" polémique sur l'usage des classiques n'est plus qu'un
" prétexte pour plusieurs des adversaires de l'*Univers.*

" On veut faire tomber ce journal parce qu'il est
" tout à la fois plus fort que la plupart des autres
" journaux religieux et plus zélé pour les doctrines
" romaines, travaillant à resserrer de plus en plus les
" liens qui unissent les églises de France à l'église
" Romaine, la mère et la maîtresse de toutes les
" Eglises. "

Le savant prélat disait encore, en faisant évidemment allusion au *Correspondant* et à l'*Ami de la Religion :* " Mais si on peut lui reprocher (à l'*Univers,*
" d'être trop ardent, ne peut-on pas reprocher à d'au-
" tres journaux, d'ailleurs estimables, de ne l'être pas
" assez, ou de confondre la prudence avec la peur, la
" modération avec la faiblesse ? Et puis, convient-il à

" un Evêque de tendre la main aux ennemis de la re-
" ligion en dirigeant ses coups contre ceux qui, étant
" animés d'une foi vive, la défendent courageuse-
" ment, parce qu'il arrive quelquefois à ceux-ci d'al-
" ler trop loin et de ne pas conserver toujours, dans
" la chaleur du combat, le *moderamen inculpatœ tu-*
" *telœ ?*

Cette lettre, transmise à Rome, fut honorée d'une
réponse de Son Eminence le Cardinal Antonelli, Secrétaire d'Etat de Sa Sainteté, qui commence ainsi :

" Outre le grand prix que j'ai coutume d'attacher
" aux communications de Votre Eminence, celle que
" vous m'avez adressée sous le pli du 13 courant, à
" propos de la fâcheuse divergence qui s'est récem-
" ment élevée en France sur le choix des livres pour
" l'enseignement littéraire, a une extrême impor-
" tance.

" La parfaite connaissance que l'on a de la sagesse
" et du profond discernement qui distinguent Votre
" Eminence était déjà une raison plus que suffisante
" de compter sur la justesse et l'étendue de vos vues
" dans l'appréciation de la susdite controverse. Cette
" assurance, conçue d'avance, et que le Saint-Père, à
" bon droit, partageait avec moi, a été parfaitement
" confirmée par le précieux document contenu dans
" la lettre par laquelle vous avez manifesté vos sen-
" timents, à cette occasion, à quelques-uns de vos col-
" lègues qui vous avaient consulté. "

L'Eminent Cardinal terminait sa lettre par cette
phrase : " En applaudissant hautement à l'intérêt que
" Votre Eminence a attaché à cette affaire, et qu'elle a

" fait servir, avec un zèle et une sagesse admirables,
" à atteindre un but pleinement conforme aux vues
" du Saint-Siége, je suis heureux de vous offrir en
" même temps l'assurance du profond respect avec
" lequel je vous baise humblement les mains. "

Après un tel témoignage, il est à peine nécessaire de mentionner que l'*Univers* avait été approuvé par plusieurs autres prélats éminents, au nombre desquels il faut distinguer Mgr l'Archevêque d'Avignon et l'illustre Evêque d'Arras.

Cet orage terrible était à peine apaisé qu'une nouvelle tempête s'élevait du diocèse d'Orléans et s'abattait sur l'*Univers*. Le grand publiciste espagnol, Donoso Cortès, venait de publier, à Paris, son " *Essai sur le catholicisme, le libéralisme et le socialisme.* " L'ouvrage faisait partie d'une *Bibliothèque nouvelle* publiée et dirigée par Louis Veuillot, et l'*Univers* parlait du livre avec éloge. M. l'abbé Gaduel, vicaire-général d'Orléans, en prit occasion de déclarer la guerre à la presse religieuse laïque en général, et à l'*Univers* en particulier. Louis Veuillot se défendit et défendit Donoso Cortès avec l'esprit et la véhémence qui le caractérisent, et M. l'abbé Gaduel, en réplique, déféra le journal à l'autorité de Mgr l'Archevêque de Paris. L'éminent prélat, dont le zèle et la bonne foi étaient au-dessus de tout soupçon, condamna l'*Univers* et menaça même ses rédacteurs d'excommunication s'ils se permettaient de discuter son acte. L'*Univers* se soumit, mais il en appela au Pape de cette sentence qui lui paraissait injuste, et moins d'un mois après, était signée par Sa Sainteté l'Encyclique *Inter multiplices*, où la

presse religieuse laïque trouvait sa justification. Nous
en extrayons le passage suivant : " C'est pourquoi, en
" vous efforçant d'éloigner des fidèles commis à votre
" sollicitude le poison mortel des mauvais livres et des
" mauvais journaux, veuillez aussi, Nous vous le de-
" mandons avec instance, favoriser de toute votre
" bienveillance et de toute votre prédilection les
" hommes qui, animés de l'esprit catholique et versés
" dans les lettres et dans les sciences, consacrent leurs
" veilles à écrire et à publier des livres et des jour-
" naux pour que la doctrine catholique soit propagée
" et défendue, pour que les opinions et les sentiments
" contraires à ce Saint-Siége et à son autorité dispa-
" raissent, pour que l'obscurité des erreurs soit chas-
" sée et que les intelligences soient inondées de la
" douce lumière de la vérité.

" Votre charité et votre sollicitude épiscopale de-
" vront donc exciter l'ardeur de ces écrivains catholi·
" ques animés d'un bon esprit, afin qu'ils continuent à
" défendre la cause de la vérité catholique avec un
" soin attentif et avec savoir ; que si dans leurs écrits,
" il leur arrive de manquer en quelque chose, vous
" devez les avertir avec des paroles paternelles et avec
" prudence."

En face de ce jugement définitif et souverain, Mgr
l'Archevêque de Paris rappela la sentence qu'il avait
portée contre l'*Univers*, et le journal, un instant abattu, reprit sa marche courageuse contre les libéraux et
les incrédules.

Mais ce triomphe de l'*Univers* ne fit qu'assoupir la
haine qui s'était manifestée dans une certaine fraction

du parti catholique, et c'est de ce côté que vinrent
toujours les attaques les plus vives.

Néanmoins, la paix était faite et semblait devoir du-
rer lorsqu'en juillet 1856 parut un libelle volumineux,
intitulé : *L'Univers jugé par lui-même*, dont le but
évident était d'écraser le journal catholique. On
l'attribuait à Mgr Dupanloup, mais lors du procès
qu'il suscita, M? l'abbé Cognat en prit la responsabilité. Le procès fut long et pénible. *L'Ami de la
Religion* s'efforça d'accréditer les accusations conte-
nues dans le libelle, et le *Correspondant* ne s'en
montra pas peu satisfait. De hauts personnages inter-
vinrent et proposèrent un arrangement entre les parties litigantes, et, après bien des négociations,
l'*Univers* se désista de sa plainte, et M. l'abbé Cognat
s'engagea à ne pas réimprimer la brochure incrimi-
née.

L'*Univers* sortit donc encore triomphant de cette
nouvelle épreuve, et son redacteur-en-chef recueillit, à
cette occasion, les témoignages les plus flatteurs.

Leurs Eminences les cardinaux Gousset, Donnet,
de Bonald et de Villecourt ; les archevêques de Sens,
d'Auch et d'Avignon, et plus de vingt évêques de
France et d'ailleurs, lui écrivirent, à ce sujet, les lettres les plus élogieuses et les plus encourageantes. Le
Canada lui-même mêla sa voix à ce concert de louanges, et deux lettres canadiennes allèrent apprendre
à Louis Veuillot qu'il avait ici, dans l'épiscopat, des
admirateurs et des amis.

De toutes les tempêtes, l'*Univers* sortait donc toujours triomphant, et les juges les plus compétents en

matière religieuse approuvaient son rôle et reconnaissaient les services qu'il rendait à l'Eglise.

Mais il vint un jour où la force morale dut céder à la force matérielle ; où la bête l'emporta sur l'esprit ; où la grande voix du Pape fut couverte par les fanfares du gouvernement français. Depuis longtemps déjà l'organe ultramontain déplaisait à l'empereur, et deux avertissements officiels lui avaient annoncé sa prochaine suppression, lorsque l'admirable encyclique " *Nullis certe verbis* " arriva de Rome à l'adresse de Louis Veuillot. " *Voici l'arrêt de mort ; le journal ne vivra plus demain,* " dit-il à ses collaborateurs. Le 29 janvier 1860 vit paraître le dernier numéro de l'*Univers*. L'Encyclique, qu'il reproduisait, fut la glorieuse occasion de sa fin, et, comme Louis Veuillot l'a écrit depuis, *il fut enseveli dans ce noble et saint linceul.*

Le Souverain-Pontife adressa alors aux rédacteurs de l'*Univers* une lettre bienveillante où il les félicitait d'avoir soutenu et défendu *la très-belle et très-noble cause du Saint-Siége et de l'Eglise.*

" C'est pour nous un devoir, ajouta-t-il, de louer tout
" particulièrement l'ardeur avec laquelle vous vous
" êtes efforcés sans peur aucune, de réfuter des jour-
" naux impudents, de défendre les lois de l'Eglise, de
" combattre pour les droits de ce Saint-Siége et pour
" la souveraineté civile dont, par la permission de la
" Providence divine, les Pontifes romains ont joui de-
" puis tant de siècles. Nous souhaitons vivement que
" vous soyez persuadé de notre charité paternelle
" envers vous. La piété de votre cœur, votre respect
" et ce zèle même que vous montrez pour la défense

" de la vérité nous sont des témoignages très-agréa-
" bles. "

Quatre ans plus tard, à l'occasion de la " *Vie de N.-
S. Jésus-Christ,* "_Pie IX adressa à Louis Veuillot ce
bref flatteur qui est une approbation expresse de la
conduite du grand polémiste :

" Nous vous félicitons, cher fils, parce que, écarté
" de *l'arène où vous combattiez si vaillamment, si utile-*
" *ment pour la vérité et pour la justice,* loin d'enfouir
" le talent qui vous a été confié, vous avez continué
" d'un cœur joyeux à servir la cause que vous défen-
" diez et à lui porter de nouveaux secours. C'est ce
" qu'attestent vos plus récents écrits, ce que confirme
" le dernier dont vous Nous avez fait hommage, sur
" la vie de notre Seigneur Jésus-Christ, publié pour
" venger sa divinité outragée. D'après le peu que
" Nous avons pu en apprécier au milieu de Nos occu-
" pations multipliées, Nous avons jugé que vous avez
" choisi la méthode de toutes la plus propre à attein-
" dre le but annoncé, et que, dans l'exécution, vous
" vous êtes montré *pleinement égal à vous-même.* Nous
" dirons encore que cette nouvelle œuvre, telle
" qu'elle s'est offerte à Nous, emprunte un éclat exté-
" rieur et tout particulier de la nature même des
" épreuves auxquelles vous êtes soumis, puisque dans
" ces circonstances d'adversité, elle respire *cette faim,*
" *cette soif de la justice, cet élan et cette fermeté d'esprit*
" *que vous avez montrés jadis en soutenant le combat*
" *auquel vous étiez engagé.* Quoique Nous Nous fus-
" sions senti ému de vos peines et tendrement incliné
" à compatir au sort qui vous était fait, Nous avons

" jugé les condoléances inopportunes, l'Apôtre Nous
" disant : « Heureux l'homme qui supporte l'é-
" preuve ; » et même : « Considérez, mes frères,
" comme le sujet d'une entière joie les diverses af-
" flictions qui vous arrivent. » C'est pourquoi, puis-
" que votre constance atteste que l'épreuve de votre
" foi produit réellement en vous cette patience qui est
" parfaite dans ses œuvres, Nous sommes plutôt porté
" à vous féliciter et obligé de vous exciter à la joie.
" Afin qu'il vous soit plus facile de l'obtenir, Nous
" vous présageons et Nous demandons instamment à
" Dieu pour vous, un accroissement toujours plus
" abondant de la grâce, Nous vous donnons avec
" amour, à vous et aux vôtres, la bénédiction aposto-
" lique, augure de ce don céleste et gage de Notre
" bienveillance particulière et de Notre affection. "

Voilà donc ce Veuillot que l'on nous représente
comme une espèce d'ogre politique et religieux qui
vous assomme ses adversaires à coups de massue, et
comme un Tartufe infâme qui cache sous une apparence de piété les satisfactions de son ambition et de
sa vengeance.

Voilà comment les autorités les plus imposantes et
la cour de Rome elle-même ont jugé ces *grotesques
fantaisies de l'* Univers, ces *maximes incompatibles
avec notre état de société, cette religion* que M. le critique appelle dédaigneusement le *Veuillotisme !*

Cette *religion* n'est donc pas nouvelle, puisqu'elle est
approuvée à Rome et qu'elle ne formule pas d'autres
doctrines que les doctrines catholiques romaines.

Non, M. l'écrivain, en défendant Louis Veuillot et
son école, que vous attaquez pitoyablement, nous ne
formons pas une *nouvelle école religieuse.* La *nouvelle
école qui s'introduit parmi nous* et qui se sert de votre
journal comme *véhicule,* c'est le *catholicisme libéral,* et
c'est elle que nous sommes disposés à combattre. La
religion d'état, qui ne nous convient pas, et que vous
voudriez établir dans notre pays, c'est la *religion du
dieu des bonnes gens,* la seule que Béranger ait voulu
pratiquer, la seule dont vous puissiez être le pontife !

XXII

LAMARTINE.

I

Je viens de lire dans l'*Echo de la France* un roman de M. de Lamartine. Il y avait longtemps que je n'avais rien lu de cet écrivain célèbre.

Fior d'Aliza est un ouvrage d'assez longue haleine, grâce aux hors-d'œuvre dont son auteur l'a rembouré. M. de Lamartine travaillait alors à prix d'argent, et le luxe de sa vie se calculait sur le nombre de lignes qu'il livrait à l'imprimeur.

Suivant les habitudes du *pays*, M. de Lamartine commence par parler de lui-même. Le *moi* avant tout, c'est le défaut des grands poëtes. Il nous raconte ses amours et son mariage avec mademoiselle B. et son séjour à Naples comme troisième secrétaire d'am-

bassade. Il nous apprend que l'illustre comte de
Maistre lui servit de parrain, ce qui certes lui fait
beaucoup d'honneur. Mais cela donne à regretter
qu'il n'ait pas toujours épousé des idées que le comte
de Maistre eût pu signer.

Naples étant en révolution, M. de Lamartine va
s'installer à l'Ile d'Ischia, dans une charmante habita-
tion qui domine la mer. Il y jouirait d'un bonheur
sans mélange s'il ne se mêlait pas à son ivresse un ar-
rière-goût de mélancolie en songeant à Graziella, qu'il
avait rencontrée dans la même île, et en revoyant de
loin sur Procida les ruines de la cabane de son père.
C'est un petit détail domestique que madame de Lamartine a dû ignorer, mais dont le poëte croit à
propos d'informer le public.

Quelque temps après, l'écrivain laisse Naples, et
vient à Rome, dont *le gouvernement théocratique lui dé-
plaît.* Il passe de là en Angleterre où il rencontre M.
de Châteaubriand. Cet autre *moi* l'offusque, et il sort
de chez lui contristé. " Il me parut, dit-il, un
" homme qui posait pour le grand homme incompris,
" qu'il ne fallait voir que de loin, en perspective."

Est-ce bien M. de Lamartine qui a vu cette paille
dans l'œil de Châteaubriand ? Et la poutre ? Il ne
l'a donc pas vue dans le sien !

De l'Angleterre le poëte revient à Paris, puis repas-
se en Toscane comme chargé d'affaires auprès du
Grand-Duc. Il y voit un marquis assez excentrique
nommé Torregiani, et à propos de ce marquis poétique, qui, à la façon de Pétrarque, courtise la femme

de son voisin, il y fait un éloge un peu compromettant des femmes italiennes.

" Les liaisons, dit-il, sont des serments tacites que
" la morale peut désapprouver, mais que l'usage
" excuse et que la fidélité justifie. Le marquis avait
" conçu et cultivé dès sa jeunesse une passion de cette
" nature pétrarquesse pour une jeune et ravissante
" femme de race hébraïque, mariée à un banquier
" florentin. Cette passion était réciproque, et ne por-
" tait aucun ombrage au mari. Le cavalier servant et
" l'époux, selon l'usage aussi du pays, s'entendaient
" pour adorer, l'un d'un culte conjugal, l'autre d'un
" culte de pure assiduité, l'idole commune d'attache-
" ments différents, mais aussi ardents l'un que
" l'autre. "

Est-ce cette jolie théorie sur l'amour qui a rendu l'Italie si chère à M. de Lamartine ?—Je l'ignore, mais ce qui amuse excessivement dans toutes les confidences qu'il fait à ses lecteurs, c'est que la dernière femme qu'il rencontre est toujours la plus belle qu'il ait vue dans sa vie. Il en a rencontré plus de cent, et chacune d'elles était toujours la plus belle !

La première dont il nous fait le portrait dans *Fior d'Aliza* est une comtesse de Bombelles, et le poëte enthousiasmé s'écrie : " Ce n'était plus une femme, c'était " une passion sous l'idéale beauté. "

Dans la page suivante, il s'agit de la comtesse Léna : c'était, dit le galant homme, la plus belle et la plus gracieuse des femmes qui m'eût jamais apparu dans ma vie !

9

Je remarque que les belles femmes sont souvent comtesses : *l'amie* de Lord Byron en Italie était aussi une comtesse, paraît-il !

Quelques pages plus loin, M. de Lamartine rencontre une noce de paysans, et la fiancée était " la plus belle jeune fille des Alpes du Midi qui eût jamais ravi ses yeux. "

Mais, dira le lecteur, où nous conduisez-vous avec ces histoires, et quand arriverez-vous à Fior d'Aliza ? Ce n'est pas ma faute si nous nous égarons. C'est M. de Lamartine qui conduit, et je le suis. Comme tous les vieux, il aime à causer de son jeune temps, et quand il parle de lui-même, on ne peut pas exiger qu'il soit court. J'abrége pourtant de mon mieux, et dans les lignes qui précèdent j'ai résumé plus de cinquante pages. On admettra qu'elles ne sont pas tant remplies !

Enfin !

Voici Fior d'Aliza !

Errant à l'aventure dans les bois des environs de Lucques où il passait l'été, M. de Lamartine l'a rencontrée auprès d'une fontaine. Il en fait une description détaillée que l'on n'est pas obligé de croire exacte, tout en protestant qu'il n'y a pas de pinceaux, même ceux du divin Raphaël, pour une pareille tête. Caché derrière un rocher, il retient sa respiration pour mieux contempler cette *divine figure*, et il nous dit avec l'accent de la vérité : " Je me noyais dans l'admi- " ration de cette jeune fille, la plus séduisante que " j'eusse encore vue. "

Encore ! oh ! l'homme !

On fait connaissance, et l'on se dirige vers la demeure de la jeune femme. Car Fior d'Aliza, qu'il a prise pour une jeune fille, est femme et mère. La conversation s'engage, et le roman commence.

La famille se compose de cinq personnages : Fior d'Aliza, son mari Hyeronimo, et leur enfant, puis le père de Fior d'Aliza, Antonio Zampognari, et la mère de Hyeronimo. Ce dernier est absent, et il est attendu le jour même.

Antonio Zampognari est veuf et aveugle, et Fior d'Aliza est son unique enfant. Sa belle-sœur, veuve et mère de Hyeronimo, vit avec lui depuis longtemps, et les deux enfants ont été élevés comme Paul et Virginie. Entourés des mêmes soins et de la même affection, ils ont grandi ensemble comme deux tiges du même arbre, et quand le malheur est venu fondre sur eux, ils se sont aperçus qu'ils s'aimaient.

C'est de la bouche des acteurs du drame que le poëte en écoute le récit, et c'est la mère d'Hyeronimo qui parle la première : c'était le droit de son sexe.

En digne femme, elle reprend les choses d'un peu haut. Elle nous parle de son défunt mari, du bonheur qu'il a su lui donner, et de la mort implacable qui est venue y mettre fin. Elle nous raconte comment son beau-frère Antonio Zampognari a perdu sa femme à peu près dans le même temps, et comment, seuls, chacun avec son enfant, ils se sont rattachés à la vie. Le grand défaut, ou la grande qualité du cœur humain, c'est d'oublier.

Le bonheur renaît au foyer à mesure que les enfants

grandissent, et le poëte a su mêler à ses digressions de belles pages, pleines de naturel et de poésie pastorale.

Nous avons vu que le père de Fior d'Aliza était aveugle. Il ne pouvait donc pas voir, comme M. de Lamartine, la plus séduisante jeune fille qui eût encore ravi ses yeux. Mais il interrogeait sa belle-sœur :

— " Comment est-elle ? demandait-il quelquefois. A-t-elle un petit front lisse comme une coupe de lait ?

—Oui, avec des sourcils de duvet noir qui commencent à lui masquer un peu les yeux.

—A-t-elle les cheveux comme la peau de châtaigne sortant de la coque, avant que le soleil l'ait brunie sur le toit ?

—Oui, avec le bout des mèches luisant comme l'or du cadre des Madones, sur l'autel des Camaldules, quand les cierges allumés les font reluire de feu.

—A-t-elle des yeux longs et tendus, qui s'ouvrent tout humides comme une large goutte de pluie d'été sur une fleur bleue ?

—Justement, avec de longs cils qui tremblent dessus comme l'ombre des feuilles du coudrier sur l'eau courante.

—Et ses joues ?

—Comme du velours de soie rose sur les devantures de boutiques d'étoffes à la foire de Lucques.

—Et sa bouche ?

—Comme ces coquilles que tu rapportais autrefois des Maremmes de *Serra Vezza*, qui s'entr'ouvrent pour laisser voir du rose et du blanc, dentelées sur leurs lèvres.

—Et son cou ?

—Mince, lisse, blanc et rond comme les petites colonnes de marbre couronnées par des têtes d'anges, en
chapiteau, sur la porte de la cathédrale de Pise.

—Ah ! Dieu ! reprenait le père, c'est tout comme
sa mère à son âge. "

Le temps coulait ainsi comme un ruisseau limpide,
et ces pauvres gens savouraient sans les compter les
beaux jours que la Providence leur envoyait. Un châtaignier énorme qui était le père nourricier de la famille, étendait sur la cabane ses rameaux et son ombre. Un petit troupeau de brebis et de chèvres errait
dans la bruyère. Un petit champ cultivé fournissait le
maïs ; un bois de lauriers embaumait l'atmosphère, te
ses branches sèches servaient à cuire les châtaignes.

On menait donc doucement sa pauvre vie en bénis-
sant Dieu et la Madone, lorsque la haine sous la
forme de l'amour, comme Satan sous la forme du
serpent, vint troubler cet Eden.

Un capitaine des sbires de Lucques a aperçu Fior
d'Aliza en passant dans la montagne, et il a été charmé. Il a fait le projet de l'épouser, et comme la
jeune fille a déjà donné son cœur à Hyeronimo, il veut
arriver à son but par la ruse et par la force, et il a re-
cours à un homme de loi. Les hommes de loi sont
terribles, et il y a une chose qu'on ne les accuse jamais d'avoir volée, c'est la mauvaise réputation dont
ils jouissent. Signor Bartholome del Calamayo est un
astucieux chicaneur, et il met toute son habileté et
toute sa fourberie au service du sbire.

Un jour, l'homme de loi se présente à la cabane des
Zampognari et les informe que certains héritiers de

Francesco Bardi réclament le partage de leur domaine
dont ils ont été déclarés les propriétaires pour les trois
quarts par un jugement en bonne forme.

Les pauvres gens sont accablés. Ils baissent la tête
et répondent : " Puisque les juges de Lucques, qui
" sont si savants, le disent, il faut bien que cela soit
" vrai. Nous ne voulons pas garder le bien d'autrui.
" Pourvu qu'on nous laisse la cabane et le châtaignier,
" et un chevreau sur trois, et le chien qui les garde, et
" nos deux enfants qui sont bien à nous puisque nous
" les avons nourris et élevés : qu'il soit fait selon ce
" papier et le bon Dieu pour tous ! "

L'avocat les informe alors que les héritiers Bardi
ont vendu tous leurs droits à Gugliano Frederici, capitaine des sbires, et que c'est un brave homme,
puissant et riche, avec lequel on pourra s'arranger de
bonne amitié.

Le partage se fait le surlendemain en présence de
Hyeronimo qui est plus pâle qu'un mort. L'homme
de loi y est aussi, et il renouvelle son éloge du sbire,
en y ajoutant qu'il a bon cœur, qu'il est garçon, qu'il
est riche et qu'il voudrait se marier. Puis, s'appro-
chant de Fior d'Aliza, il lui demande si elle n'aimerait
pas à changer sa robe de bure et ses sandales contre
de riches robes de soie et de fins souliers.

La jeune fille se sauve effrayée en disant qu'elle ne
sera jamais que la sœur ou la femme d'Hyeronimo.

Deux heures après le partage était consommé. Les
Zampognari conservaient leur cabane, quelques pam-
pres de leur vigne, et toutes les branches du gros
châtaignier qui regardaient le midi, et qui s'étendaient

comme des bras au-dessus de leur maison. Le tronc de l'arbre et toutes les branches regardant le Nord, le couchant et le matin, les vieux ceps de la vigne, le champ de maïs, le bois de lauriers appartenaient au sbire.

La pauvre famille se résigna à son sort en disant que Dieu est bien le Maître d'ouvrir et de rétrécir sa main à ses créatures. Le troupeau de brebis et de chèvres leur restait encore ; mais le pâturage était bien rétréci, et les pauvres bêtes ne comprenaient pas pourquoi on les empêchait de courir comme auparavant.

Hélas ! les malheureux n'étaient qu'au commencement de leurs souffrances. Un jour ils s'aperçurent que les feuilles de la vigne jaunissaient comme des joues de malade, et que les grappes se ridaient avant d'être pleines. Ils crurent la vigne malade : elle était morte ! Pendant la nuit, le sbire, qui était propriétaire des vieux ceps, les avait fait couper, et la treille entière allait périr.

Il leur restait toujours le gros châtaignier qui continuait de les nourrir. Mais un matin, une bande de bûcherons paraît avec l'aurore au pied du gros arbre. Le père Zampognari se jette les deux bras ouverts entre l'arbre et la hache, et supplie qu'on ne lui enlève pas la vie de sa famille. Les deux femmes tombent aux genoux de l'avocat, qui est à la tête de la bande, et le conjurent de les laisser vivre.

Les bûcherons sont émus, et Calamayo fait semblant de l'être. Il propose à la mère d'envoyer Fior d'Aliza, avec un panier de figues et de châtaignes à son

bras, demander au sbire la grâce du châtaignier. Il a
été ébloui de la beauté de la jeune fille, et il lui accor-
dera tout ce qu'elle lui demandera.

La proposition n'est pas agréée et l'ordre est donné
aux bûcherons d'abattre le châtaignier. Au premier
coup de hache, les pauvres gens se traînent sur leurs
genoux jusqu'au châtaignier qu'ils embrassent de leurs
bras.

Ecartez ces misérables insensés, crie l'homme de
loi, et, prenant Fior d'Aliza par l'épaule, il la jette
rudement sur une racine, où elle est blessée à la
tempe. Les ouvriers reprennent leur besogne, et les
éclats du bois jaillissent au loin, lorsqu'un homme
s'élance avec de grands cris entre l'arbre et les bûcherons, et brandissant sa hachette sur leurs têtes, il les
écarte tous, étonnés et tremblants.

C'était Hyeronimo.

Calamayo prend ses ouvriers à témoin de l'opposi-
tion faite à la justice et se retire. A quelques jours
de là, les chèvres avaient été entraînées par l'habitude
hors de la bruyère, sur le terrain du sbire. Tout-à-
coup six coups de feu résonnent comme des tonnerres
derrière les sapins, et trois sbires, leurs fusils fumants
à la main, s'élancent hors du bois avec de grands cris.

La chèvre laitière et l'un de ses chevreaux sont
tombés morts ; l'autre chevreau, blessé et perdant tout
son sang, est venu se réfugier entre les pieds nus de
Fior d'Aliza, et celle-ci, blessée elle-même aux deux
bras, par quelques grains de plomb qui ont ricoché, se
sauve en jetant des cris déchirants.

A cette vue et à ces cris, Hyeronimo saisit l'espingole de son père, et courant comme le feu du ciel au secours de Fior d'Aliza, il tire son coup de feu au hasard sur les sbires, et l'un d'eux est frappé d'une balle à l'épaule.

Mais la nuit était à peine venue que douze ou quinze soldats enfonçaient violemment la porte de la cabane, saisissaient et enchaînaient Hyeronimo et l'entraînaient avec eux, après l'avoir relevé à coups de pieds et à coups de crosses.

Lorsque l'aurore parut, Fior d'Aliza, déguisée en jeune *pifferaro* des Abruzzes, et portant sa zampogne sous son bras gauche, descendait des montagnes et se dirigeait vers Lucques. (*)

La pauvre enfant était accablée de douleur ; mais l'amour lui donnait des forces. Elle n'avait aucun projet, elle ne savait pas où elle allait ; mais l'instinct de la femme la guidait, et sans savoir comment, elle voulait sauver Hyeronimo. Bientôt elle se trouva sur un pont, non loin de Lucques, et s'agenouillant devant une madone, elle se mit à jouer de la zampogne en l'honneur de la sainte Vierge, priant Marie de venir à son secours.

Mais en jouant les airs qu'elle avait appris avec Hyeronimo, le chagrin la suffoqua, et elle tomba évanouie. Quand elle revint à elle, une jolie contadine, en habit de fête, penchait son gracieux visage sur le sien, lui donnant de l'air au front avec son éventail, et lui faisait respirer un bouquet de fleurs. Un magnifi-

---

(*) La *zampogne* est une espèce de cornemuse, et le joueur de zampogne se nomme *pifferaro*.

que chariot de riches paysans était auprès, tout chargé de beau monde en habits de noces.

Il ne manquait à la noce qu'un ménétrier : on fit monter le jeune *pifferaro* pour jouer de la zampogne sur le devant du char de noces en rentrant en ville. La nouvelle mariée était la fille du *bargello* (geôlier) de Lucques, et le nouveau marié était le porte-clefs de la prison. Par son mariage, le porte-clefs créait une vacance dans son emploi, et le jeune *pifferaro* plut tellement au *bargello* que ce dernier lui offrit la place vacante.

La nuit venue, le bargello conduit Fior d'Aliza au sommet d'une tour, et l'installe dans la chambre du ci-devant porte-clefs. L'enfant n'était guère disposée à dormir, et pendant qu'elle regarde à la fenêtre, des bruits de chaînes frappent son oreille.

Si c'était Hyéronimo !

Elle prend sa zampogne et se met à jouer l'air qu'ils ont composé et appris ensemble. Quand l'air est fini, une voix s'élève des cachots : " Est-ce toi, Fior d'Aliza ? " Celle-ci répond par la répétition du même air.

Le lendemain, les prisonniers faisaient la connaissance d'un nouveau porte-clefs, jeune et charmant, et le pauvre Hyeronimo revoyait sa fiancée !

Pendant ce temps-là, le procès d'Hyeronimo s'instruisait et la femme du *bargello* apprit bientôt à Fior d'Aliza qu'il était condamné à mort, et qu'il avait quatre semaines pour s'y préparer, suivant la loi de Lucques.

Ce fut un terrible coup pour la jeune fille. Mais elle avait l'espérance de sauver son fiancé, et pendant que leurs vieux parents passaient leurs jours dans la désolation et dans les larmes près du vieux châtaignier mort, les deux jeunes gens avaient parfois des heures délicieuses au fond de leur prison.

Pour se préparer à mourir Hyeronimo fit mander le Père Hilario du couvent des Camaldules, qui s'était toujours intéressé à sa famille, et le bon moine devint le confident des deux fiancés. Il allait lui-même porter de leurs nouvelles à la cabane désolée des Zampognari, et s'étant fait remettre tous leurs papiers, il alla consulter un avocat.

Mais le jour de l'exécution approchait, et il fallait songer à l'évasion. Hyeronimo refusait de s'évader seul, et Fior d'Aliza craignait qu'en s'enfuyant avec lui, le *bargello* et sa femme ne se trouvassent compromis et n'encourussent la disgrâce des autorités. Or, ils avaient toujours été si bons pour elle, qu'elle n'aurait pas voulu leur attirer ce malheur.

Enfin, Hyeronimo consent à l'évasion, à la condition que Fior d'Aliza le suivra de près. Mais dans la nuit précédant le jour de l'exécution, et avant d'opérer l'évasion, les deux fiancés deviennent époux. Le Père Hilario les conduit secrètement à la chapelle de la prison et les marie. La scène est assez étrange, et le poëte n'a pas su en trouver des motifs plausibles.

L'aube blanchit déjà l'horizon lorsque Hyeronimo s'enfuit ; et pour ne pas perdre ses bienfaiteurs, Fior d'Aliza ne le suit pas. Elle revêt le costume de pénitent qu'il a laissé dans sa cellule, et est conduite au suplice à la place d'Hyeronimo. Mais au moment où les exécuteurs préparent leurs armes et la mettent en joue, un homme se précipite à travers les soldats et s'écrie : arrêtez ! arrêtez ! c'est moi !

Ne voyant pas venir Fior d'Aliza, Hyeronimo a soupçonné la généreuse supercherie de son épouse, et il est revenu se livrer à la justice.

La duchesse de Lucques est immédiatement informée de cette histoire ; Fior d'Aliza est conduite auprès d'elle, et un sursis est accordé au pauvre condamné. Pendant ce temps toutes les fourberies du sbire et de son avocat sont découvertes par le Père Hilario, et il est constaté que le jugement en vertu duquel ils ont exproprié les Zampognari est faux ; le Grand-Duc qui était absent revient, et la peine de Hyeronimo est commuée en deux ans de galères.

Ici finit la narration de la famille Zampognari ; et avant que M. de Lamartine soit sorti de leur cabane, un air de zampogne se fait entendre dans le lointain. C'est Hyeronimo dont la peine est finie, et qui revient, en chantant, des galères de Livourne. Avec lui rentre au foyer la joie et le bonheur, et le poëte dit en même temps adieu à ses héros et à ses lecteurs.

Tel est le roman que j'ai cru devoir analyser et apprécier, parce qu'en le lisant dans un recueil aussi recommandable et aussi autorisé que l'*Echo de la France*, on pouvait peut-être croire que l'œuvre était irréprochable. Dès le commencement, le lecteur a été prévenu qu'il y a place au blâme et à la critique.

Je ne veux rien exagérer, pourtant, et j'admets que la morale de *Fior d'Aliza* est infiniment meilleure que celle de *Jocelyn,* de la *Chute d'un Ange* et de *Raphaël,* mais il y a des taches, et j'ai cru qu'il n'était pas inutile de les indiquer.

J'ai montré le ridicule de ce vieillard qui nous décrit minutieusement toutes les belles femmes qu'il rencontre, comme un photographe ferait des paysages. J'ai réprouvé sa jolie doctrine sur certains amours illicites. Voici maintenant la portée morale du livre.

La littérature moderne, qui est essentiellement révolutionnaire, s'efforce toujours de montrer la justice humaine en désaccord avec celle de Dieu. Suivant ses données, la société est mal organisée, et c'est toujours le vice qui triomphe et la vertu qui est punie. Cette thèse est malsaine, et *Fior d'Aliza* la soutient.

D'un bout du livre à l'autre la vertu des Zampognari est punie. L'innocence reconnue d'Hyeronimo est condamnée à deux ans de galères ; et le sbire et son complice Calamayo, tous deux voleurs et faussaires, ne sont pas même inquiétés par la justice. C'est exciter sans raison les mauvais instincts du peuple que de représenter ainsi les pauvres et les petits, victimes des persécutions des riches et des grands.

Comme œuvre littéraire, Fior d'Aliza manque de cohésion et de nerf. Il s'y rencontre de grandes beautés, mais au milieu d'une abondance de paroles qui ennuie. Le conteur se répète, et il ne rencontre pas un brin d'herbe qu'il ne décrive. C'est joli, mais c'est long, et je remarque çà et là des descriptions un peu trop *réelles.* A force de vouloir atteindre le naturel

et le naïf, le poëte a souvent touché le burlesque et le
trivial.

Avec un dénouement qui montrerait les vrais coupables dans un cachot, et avec des coups de ciseaux qui
diminueraient de moitié ce livre diffus, on en ferait
cependant une œuvre magnifique, bien supérieure
à " Paul et Virginie," dont on a surfait le mérite.

2

L'un des poëtes qu'on lit le plus en Canada c'est
Lamartine. Il n'est donc pas inutile d'en parler un
peu plus longuement.

Au sortir du collége, à dix-neuf ans, je lisais Lamartine avec transport. Il réveillait en moi des sentiments inconnus, de vagues et enivrantes aspirations,
des désirs immodérés de bonheur impossible, des besoins indéfinis de je ne sais quel idéal.

Sa strophe harmonieuse me charmait. Son vers si
bien cadencé résonnait à mon oreille comme une musique délicieuse. Son style imagé me séduisait, et
sans me soucier de l'idée que je ne saisissais probablement pas toujours et qui est souvent insaisissable, je
me laissais bercer par des mots.

Je me rappelle encore les heures que j'ai passées à
lire les *Méditations* sur les bords de ce beau Lac des
Deux-Montagnes que j'ai toujours tant affectionné.
Je me souviens encore du petit bois d'ormes et de
noyers où j'allais errer, de la pierre polie où j'allais
m'asseoir, et que les flots du Lac venaient baiser au

pied. Les vers des *Méditations* s'harmonisaient si
bien avec le bruit du vent dans les arbres, et le murmure de la vague sur les rochers· !

Quelles douces émotions remplissaient mon· âme, en
écoutant ces deux musiques, musique de l'homme et
musique de Dieu, celle-là plus intelligible à l'oreille
humaine, mais moins pure et moins suave que celle-ci !

Et pourtant, cette belle poésie qui me transportait
dans les nuages laissait au fond de mon âme une impression que je suis tenté d'appeler malsaine.

Elle me plongeait dans une mélancolie que je ché-
rissais, mais qui m'enlevait toute énergie et tout courage. Elle me faisait croire à l'existence d'un monde
idéal, et voilait d'illusions et de mensonges les réalités
de la vie. Les forces que je devais employer à la
recherche du vrai, du beau et du bien, je les dépensais
follement dans la poursuite de rêves insensés et ridicules !

C'était le commencement de cette maladie étrange
que tous les poëtes de notre temps ont éprouvée, et
que Châteaubriand a peinte dans Réné ; espèce de
nostalgie dont bien des jeunes gens ont été atteints, et
qui les a empêchés de devenir des hommes. Grâce à
Dieu, ce n'était encore qu'un symptôme que des lectures plus sérieuses et plus saines firent bientôt disparaître.

Quand je relis aujourd'hui les poésies de M. de
Lamartine, je m'étonne du vide que j'y trouve, et je
ne puis m'expliquer comment elles ont pu tant m'é-
mouvoir. Quand je lis surtout les commentaires qui
accompagnent maintenant ses *Méditations*,toute illusion

disparaît, parce qu'ils font descendre le lecteur des
nues. Dans les vers on voit le poëte ; mais dans les
commentaires on voit l'homme, et c'est moins beau !
J'ai encore présent à l'esprit le commentaire qu'il a
fait d'une pièce intitulée *Dieu.* Savez-vous dans quelles
circonstances il a écrit ces vers pleins de noblesse et
d'élévation, quoique toujours un peu vagues ? " C'est
" en retournant à cheval de Paris à Chambéry. Un
" *voluptueux frisson* parcourait son être ; le pas ca-
" dencé de son cheval berçait sa pensée comme son
" corps et *l'aidait à penser.* Il s'arrêtait le soir dans un
" cabaret de village, et après avoir donné l'avoine, le
" seau d'eau du puits et étendu la paille de sa litière à
" son cheval, il écrivait ses vers. "

N'est-ce pas dépoétiser son œuvre que de l'encadrer
ainsi ?

Cependant les *Harmonies* sont mieux remplies que
les *Méditations.* Il y a plus d'idées, plus de défini,
moins d'inconnu. Le poëte sait mieux où il va, et ses
instincts religieux paraissent devenus des convictions.

Si M. de Lamartine avait persisté dans cette voie, et
s'il avait compris ce que trop de gens méconnaissent,
que la religion n'est pas seulement un besoin du cœur,
mais un besoin de l'intelligence, et qu'elle doit être
pour le chrétien l'objet d'une étude constante, il serait
devenu le plus grand poëte de la France.

Malheureusement, les études de M. de Lamartine le
portaient ailleurs, et il ne s'éleva guère au-dessus de
la *religion naturelle.* Il se laissa conduire par ses aspirations plutôt que par des principes, par la sensation
plutôt que par le raisonnement, par les besoins du

poëte plutôt que par les devoirs du chrétien. Comme
presque toute la littérature de son temps, sa muse
glissa insensiblement sur la pente du naturalisme, de
ce naturalisme particulier qui ne nie pas Dieu, mais
qui le confond en quelque sorte avec la nature. Ce
n'étaient pas l'Ecriture Sainte, ni la Révélation, ni la
philosophie catholique qui lui parlaient de Dieu ; c'é-
taient une nuit d'étoiles, une montagne verdoyante,
un lac d'azur bordé de bois et de rochers. A force de
ne regarder Dieu que dans la nature, il finit par ne le
plus voir ailleurs. Par un travail étrange de son
imagination, l'univers se spiritualisait, prenait une
âme et devenait Dieu.

Jocelyn est une espèce de panthéiste, disciple fidèle de la Religion Naturelle, recevant l'enseignement
de la Nature plutôt que de l'Eglise. C'est un roman
versifié, un peu désordonné, un peu diffus, beaucoup
trop long malgré de grandes beautés, et dont les héros
paraissent ignorer entièrement les enseignements de
la foi catholique.

La *Chute d'un Ange* est un poème romanesque, plein
d'incohérences, d'invraisemblances et de longueurs.
Le surnaturel y est *naturalisé*, si je puis parler ainsi,
et le ciel et la terre y sont confondus dans une promiscuité inconvenante et contre nature. Ce fut une
chute dont le poëte ne se releva pas. Il se fit romancier et historien.

Ses *histoires* (celles *des Girondins* de la *Révolution de
1848, de la Turquie, de la Russie*) sont très-romanes-
ques, et ses romans sont loin d'être historiques. La
vérité n'est pas la passion de M. de Lamartine ; et il

raconte toujours mieux ce qu'il invente que la réalité.
Mais qu'il dise vrai ou faux, il a toujours l'air convaincu, et je ne suis pas prêt à dire qu'il ne l'est pas. Si
l'on venait me dire que *Graziella* et *Julie* n'ont jamais
existé, pour leur honneur et pour le sien, je le croirais
sans peine.

L'amour même, qui est la grande passion de M. de
Lamartine, manque de vérité dans les *Confidences* et
dans *Raphaël*. L'amour vrai est moins égoïste, plus
constant et plus inséparable de l'honneur. C'est l'âme
et non la chair qui doit être le siége du véritable amour.
Ce n'est pas à M. de Lamartine, le grand poëte spiritualiste, qu'il appartenait de faire l'apothéose de l'amour
charnel. Il devait laisser cet honneur à M. Michelet,
ce matérialiste éhonté, qui veut diviniser la chair, et
abrutir l'âme !

Par bonheur, tous les romans de M. de Lamartine
n'ont pas ce défaut : *Geneviève* et le *Tailleur de pierres
de St-Point* respirent un amour plus pur, plus élevé,
plus noble, et cet amour enfante les plus beaux dé-
voûments. Malgré quelques taches, ce sont peut-être
les seules de ses œuvres qui soient non-seulement
belles, mais bonnes. Avec l'admirable talent que la
Providence lui avait donné, M. de Lamartine arrivait
presque toujours à la beauté ; mais il s'éloignait du
vrai et du bien. C'était l'écueil où son génie venait se
briser, et rarement, hélas ! il a atteint la perfection de
l'art, qui exige la réunion du beau, du vrai et du bien !

Ses *Confidences* nous l'apprennent assez, il a été l'enfant gâté de sa mère, et son éducation religieuse a été
incomplète. Il a passé trois années dans toutes les

dissipations et tous les désordres d'une jeunesse inactive, et cette époque d'égarements a enveloppé son âme de nuages qui 'n'ont jamais été complétement dissipés.

L'idéal qu'il a rêvé et poursuivi est vague, indéfini, insaisissable. Il aspire à *quelque chose* qui puisse remplir le vide de son âme ; mais il ignore que ce *quelque chose* n'a qu'un nom, Dieu ! Il tend à s'élever au-dessus de la terre, mais il s'adresse à un Inconnu, *ignoto Deo !*

Il me semble que M. Léon Gautier va trop loin en voulant placer l'auteur des *Méditations* au-dessus de Racine. Malgré toutes les taches que le paganisme a laissées dans la poésie du XVIIme siècle, elle est mieux remplie que celle de Lamartine, qui manque certainement de virilité.

M. de Lamartine n'en est pas moins un grand poëte, un grand orateur et un grand romancier. Il a continué l'œuvre commencée par Châteaubriand, la réconciliation de l'art avec le christianisme. Mais il avait mission et il aurait eu le pouvoir, peut-être, de ramener la France dans les sentiers de la foi catholique, et ce rôle n'a pas été rempli.

Hélas ! hélas ! les disciples qu'il a formés ont été pour la plupart, je le crains, moins fidèles à l'Eglise qu'à Vénus et à la Liberté !

XXIII

VICTOR HUGO.

1

Un homme qui ne rit pas, c'est l'auteur de " *L'Homme qui rit.*" Mais il n'en vaut guère mieux, et s'il fallait choisir entre les facéties de la petite presse et les antithèses ronflantes de Victor Hugo, il y aurait lieu d'être embarrassé.

Il n'abandonne jamais sa pose et ses airs de prophète, j'allais dire de dieu, et s'il eût vécu dans l'antiquité païenne, c'est lui qu'on aurait fait Jupiter. Dans notre siècle, il n'est que l'un des membres les plus importants de ce dieu des panthéistes qui se nomme le Grand-Tout. Il n'est pas mécontent de cette dignité, quoiqu'il espère mériter mieux, et, depuis qu'il est revenu à Paris, il s'efforce de la revêtir d'un nouvel éclat.

Il faut avouer qu'à Guernesey, depuis quelques années, ce personnage s'éclipsait visiblement. Le vaisseau qui porte sa gloire faisait de l'eau, et il allait sombrer lorsque l'avénement de la République l'a remis à flot. Léger comme un papillon, le vieillard est alors accouru à la voix de sa bien-aimée, et le rêve qu'il a caressé longtemps d'être le président de la République Universelle a ranimé ses illusions éteintes. Il a cru que son jour était enfin levé et que tous les peuples, prosternés devant la *République une et indivisible*, allaient enfin le choisir pour chef et pour pontife.

Il a compris que cette double dignité devait lui donner un crédit immense, et, à peine rentré dans Paris, il a saisi non pas son épée, mais sa plume. Du haut de je ne sais quel piédestal, fait d'orgueil et d'ineptie, il a adréssé des proclamations solennelles aux Allemands et aux Français.

Ce sont des chefs-d'œuvre d'incohérence et de folie ; et à côté de quelques idées où l'on retrouve encore un reste de génie, il a entassé confusément l'excentrique, le ridicule et le trivial.

Voici quelques extraits de son appel aux Allemands; ils sont dignes d'être cités :

" Allemands, celui qui vous parle est un ami.

" Il y a trois ans, à l'époque de l'Exposition de 1867, du fond de l'exil, je vous souhaitais la bienvenue dans *votre* ville.

" Quelle ville ?

" Paris.

" Car Paris ne nous appartient pas à nous seuls. Paris est à *vous* autant qu'à nous. Berlin, Vienne, Dresde, Munich, Stuttgard, sont vos capitales ; Paris est votre centre. C'est à Paris que l'on sent le battement du cœur de l'Europe. Paris est la ville des villes. Paris est la ville des hommes............

" Nous sommes la République française, nous avons pour devise : *Liberté*, *Egalité*, *Fraternité* ; nous écrivons sur notre drapeau : *Etats-Unis d'Europe*. Nous sommes le même peuple que vous. Nous avons eu Vercingétorix comme vous avez eu Arminius. Le même rayon fraternel, trait d'union sublime, traverse le cœur allemand et l'âme française............

Vons venez prendre Paris de force. Mais nous vous l'avons toujours offert avec amour. Ne faites pas fermer les portes par un peuple qui, de tout temps, vous a tendu les bras. N'ayez pas d'illusion sur Paris. Paris vous aime.............................

" Cette grande lumière, il faudra l'éteindre âme par âme. Arrêtez-vous !

" Allemands, Paris est redoutable. Soyez pensifs devant Paris......................

" A présent, songez-y, vous croyez avoir un dernier coup à faire : vous ruer sur Paris ....
vous jeter, vous sept cent mille soldats ....
sur trois cent mille citoyens debout sur leurs remparts, sur des pères défendant leur foyer, sur une cité pleine de familles frémissantes, où il y a des femmes, des sœurs, des mères, et où à cette heure, moi qui vous

parle, j'ai mes deux petits-enfants, dont un à la mamelle...

'' En ruinant Paris, vous le sanctifierez............
Ce sépulcre criera : Liberté, Egalité, Fraternité ! Paris
est ville, Paris est âme.

'' Brûlez nos édifices, ce ne sont que nos ossements ;
leur fumée prendra forme, deviendra énorme et vivan-
te, et montera jusqu'au ciel, et l'on verra à jamais
sur l'horizon des peuples, au-dessus de tout et de tous,
attestant notre gloire, attestant votre honte, ce grand
spectre, fait d'ombre et de lumière, Paris ! Maintenant,
j'ai dit. ''

En français ordinaire, tout ce pathos se traduirait
ainsi : '' Ma petite Allemagne chérie, tu es ma fille,
comme je suis ton père. Paris est ton frère, embras-
sez-vous.

Comment ! Toi, sa sœur, tu veux battre Paris ! Tu
veux détruire Paris ! Paris, la lumière du monde ! Paris, l'âme du monde ! Paris où j'ai mes deux petits-enfants, dont un à la mamelle ! Réfléchis.

Ma petite Allemagne, sois pensive devant Paris.

On peut être plus fade, mais on n'est pas plus fou.
Néanmoins, Victor Hugo s'est étonné qu'une pareille
proclamation n'ait pas arrêté l'Allemagne, et quand il
a vu qu'elle passait outre, et qu'au mépris de la *sainte
fraternité* la sœur voulait égorger le frère, il a été pris
de colère, et il s'est écrié :

'' Que toutes les communes se lèvent ! que toutes
'' les campagnes prennent feu ! que toutes les forêts
'' s'emplissent de voix tonnantes ! Tocsin ! Tocsin !
'' que de chaque maison il sorte un soldat ; que le

" faubourg devienne un régiment ; que la ville se fas-
" se armée. Les Prussiens sont huit cent mille; vous
" êtes quarante millions d'hommes. Dressez-vous et
" soufflez sur eux ! Lille, Nantes, Tours, Bourges,
" Orléans, Colmar, Toulouse, Bayonne, ceignez vos
" reins. En marche ! Lyon, prends ta carabine; Rouen,
" tire ton épée, et toi, Marseille, chante, ta chanson est
" terrible. Cités, cités, cités, faites des forêts de piques,
" épaississez vos baïonnettes, attelez vos canons, et toi,
" village, prends ta fourche............. Que les
" rues des villes dévorent l'ennemi, que la fenêtre
" s'ouvre furieuse, que le logis jette ses meubles, que
" le toit jette ses tuiles, que les vieilles mères indi-
" gnées attestent leurs cheveux blancs............
"..... Soyez terribles, ô patriotes ! Arrêtez-vous seu-
" lement quand vous passerez devant une chaumière,
" pour baiser au front un petit enfant endormi !

" Car l'enfant, c'est l'avenir. Car l'avenir, c'est la
République.

" Quant à l'Europe, que nous importe l'Europe ?

" ...... Paris ne prie personne. Un si grand
" suppliant que lui étonnerait l'histoire. Sois grande
" ou sois petite, Europe, c'est ton affaire.......la
" fournaise vermeille de la République s'enfle dans le
" cratère ; déjà sur ses pentes se répandent et s'allon-
" gent des coulées de lave, et il est plein, ce puissant
" Paris, de toutes les explosions de l'âme humaine.
" Tranquille et terrible, il attend l'invasion, et il sent
" monter son bouillonnement. Un volcan n'a pas be-
" soin d'être secouru. "

Hélas ! faire de semblables phrases est bien joli, mais vaincre les Prussiens serait plus beau. Il est bien à craindre que le volcan ait besoin d'être secouru, que Marseille ait en vain chanté sa chanson terrible, et que le village ait pris sa fourche inutilement.

Il y a une chose que Victor Hugo n'a pas comprise, et que la France refuse encore de comprendre, c'est que pour vaincre la Prusse, il faut apaiser Dieu.

Il y a une autre vérité qu'il ignore et que la France méconnaît : c'est qu'il a sa grande part de responsabilité dans les malheurs qui accablent sa patrie. Il est un de ceux qui l'ont gâtée et qui ont attiré sur sa tête les foudres divines. Il est un de ceux qui l'ont égarée loin des sentiers de la vérité et de la justice. Il est un de ceux qui lui ont enlevé son Dien, et qui ont placé sur ses autels la Raison humaine et la Liberté.

Et pour expier son crime il fait des phrases creuses, et son cœur n'est pas assez affligé pour empêcher sa cervelle de fabriquer des antithèses ! Pauvre cœur et pauvre cervelle ! Il faut qu'une nation soit bien malade pour se laisser conduire par de tels chefs.

2

Il faut admettre cependant que cet homme avait été magnifiquement doué par la Providence. C'était un beau génie, un immense talent qui aurait dû être, et qui a peut-être été le plus grand poëte de son temps. Fidèle à la religion dans laquelle il est né, il pouvait

10

atteindre à la gloire de Racine : il a préféré être le rival d'Eugène Sue et de Michelet. Quelle aberration !

Le compte qu'il aura à rendre à Dieu de l'emploi de son génie sera terrible. Car il a complétement manqué à la mission qu'il devait remplir. L'Eglise qu'il devait défendre, il l'a combattue. La patrie qu'il devait grandir et conduire à la vérité, il l'a pervertie. En cessant d'être catholique, il a cessé d'être français, et en trahissant l'Eglise, il a trahi la France.

Ses premières œuvres l'avaient placé de suite au premier rang des poëtes contemporains. Il était l'émule de Lamartine, et la même religiosité vague respirait dans ses poésies. Bientôt il glissa comme lui dans les rêveries du panthéisme, et après avoir tergiversé en religion comme en politique, et après avoir descendu les degrés qui conduisent à l'impiété, il est enfin devenu ce qu'il est aujourd'hui : une espèce de déiste ou de panthéiste rationaliste.

La dernière série de ses ouvrages pourrait être comparée à la course échevelée d'un somnambule se heurtant à tout ce qu'il rencontre sur son passage. L'auteur est toujours plongé dans une nuit noire ; il ne voit rien distinctement et ne s'explique rien de ce qu'il voit. Tout est sombre, immense, mystérieux autour de lui. Partout où il se trouve, il voit des profondeurs, des abîmes, des vides, des ténèbres, des fourmillements d'ombres.

En un mot, c'est le chrétien *déraillé*. C'est l'homme qui avait la foi, ce divin flambeau qui éclaire tous les abîmes, et qui l'a perdue. Il cherche maintenant à tâtons ce *quelque chose* qui lui manque, et qu'il ne trouve ni ne reconnaît plus. Toute la vie humaine lui apparaît comme une fantasmagorie immense, où le bien et le mal, le juste et l'injuste sont pêle-mêle et méconnaissables, où le méchant prospère, où l'homme juste est toujours victime d'une implacable fatalité. L'humanité, suivant lui, tourne perpétuellement dans un cercle d'infortunes inévitables, d'où elle ne peut sortir que par une seule issue, le suicide. Tel est le dénouement ordinaire de ses drames, et c'est la conséquence nécessaire qui jaillit des prémisses qu'il pose dans toutes ses œuvres.

Pour lui Dieu est un mythe, ou, du moins, c'est un être sans personnalité distincte, et relégué si loin derrière son firmament, qu'il n'exerce aucun contrôle snr les affaires de ce monde. Quant à l'âme humaine, le mystère l'enveloppe, et l'écrivain est incapable de dire quelle est sa nature et quelle sera sa fin. C'est en vain qu'il raisonne et qu'il s'efforce orgueilleusement de pénétrer ces grands mystères. Plus il disserte, et plus il s'enfonce dans des sphères nuageuses où l'on ne sent bientôt plus que le souffle de ses deux religions, le panthéisme et le rationalisme.

Tel est le caractère moral des œuvres les plus remarquables de Victor Hugo. Le côté littéraire est beaucoup moins défectueux, mais non sans vices.

Tout le monde sait que l'auteur des *Misérables* a été le chef de l'école romantique, et le père du réalisme en littérature. Ce ne sera pas son plus beau titre de gloire ; mais c'est par là qu'il est arrivé à la célébrité.

Son style s'est toujours distingué par une grande originalité. Mais il ne faut pas croire, cependant, que ce genre soit tout-à-fait à lui. Shakspeare est son grand modèle et il l'a imité d'une manière étonnante. Il est certain qu'il en a tous les défauts, mais il est moins sûr qu'il en ait pris toutes les qualités.

Aujourd'hui, il exagère tellement le genre de Shakespeare, qu'il est devenu ridicule.

Sa phrase est travaillée, chevillée, brisée, surtout hachée. Il la coupe, il la tronque d'une manière toujours inattendue. Il l'encombre d'antithèses et d'hyperboles, et, par un effet de son art, il la construit de telle manière qu'elle se détraque et crie étrangement.

On y sent le travail, un travail énorme qui tranforme le sublime en absurde, et qui veut montrer la grandeur dans le trivial. Travail à rebours qui ne taille pas une statue dans un bloc de marbre, mais qui mutile la statue et en fait un bloc aux formes étranges. Travail singulier, qui, dirigé par une imagination extravagante, s'opère dans un monde inconnu et fantastique.

Tous les héros de ses livres sont des monstres ou des êtres surhumains, et la trame de leur vie se déroule au-dessus ou au-dessous de l'humanité. Tout y est hors nature ou contre nature. Si je pouvais employer cette expression, je dirais que Victor Hugo a créé le surnaturel de la matière.

Ce qu'il affectionne particulièrement, c'est l'invraisemblable. Ce qu'il recherche avant tout, c'est le faux, qu'il habille et décore avec un art infini. L'élément dans lequel il se complaît, c'est le vague de la pensée, et parfois même le vague de l'expression.

. Au reste, il y a longtemps qu'il s'est affranchi de.
toutes règles. Il prend même plaisir à les fouler aux
pieds. Il accumule les images et les figures de toutes
sortes, et quand une description à faire se présente, il
y consacre vingt pages. Il réunit alors toutes les couleurs de sa palette, tous les nuages de sa pensée et tous
les grelots de sa rhétorique. Il entasse les grands mots
et multiplie les contrastes. Il suffit que deux idées
soient disparates et contradictoires pour qu'il les ac-
cole ensemble.

Les éléments et toutes les choses de la nature deviennent alors sous sa plume des êtres vivants qu'il
fait penser, parler et agir. Le rocher s'anime, le
nuage médite et le brin d'herbe parle. C'est, le plus
souvent, absurde et ridicule, mais c'est curieux et in-
téressant à étudier.

Il écrit des pages inqualifiables, où il extravague à
force de vouloir être original. La grammaire devient
pour lui lettre morte et il a bientôt fait de supprimer
le verbe de sa phrase, et de transformer l'adjectif en
substantif.

Pour donner une idée plus exacte du genre descrip-
tif extraordinaire dont Victor Hugo abuse tant, et pour
mieux en saisir les défauts, j'en livre ici au lecteur
une imitation que je me suis efforcé de rendre fidèle.

Je suppose que Victor Hugo arrive un soir à Kamouraska, et qu'il y soit témoin d'une tempête ; voici
là description qu'il en ferait :

" J'ai vu Kamouraska par une nuit sans étoiles.

" C'était un soir ténébreux où l'horreur et l'inconnu
s'étaient donné rendez-vous. L'air et l'océan, tous

deux en révolution, fraternisaient. Accolade sublime.

Fougueux et libre, l'air avait secoué le joug du tyran nuage, et comme un peuple qui s'éveille, il roulait des flots irrésistibles et innombrables. L'océan se soulevait pour courir à sa rencontre, et les deux éléments se donnaient des baisers qui devenaient abîmes. C'était le choc de deux infinis. Pluriel effrayant.

" L'infini d'en haut se précipitait sur l'infini d'en bas. Il l'enlaçait, le soulevait, le secouait, et l'entraînait dans une course parabolique vertigineuse.

Où allaient-ils ?

—Dans l'ombre.

D'où venaient-ils ?

—De l'ombre.

Que voulaient-ils ?

—Mystère.

" C'est là l'inexplicable et l'incompréhensible. Ces deux êtres sans vie vivaient. Ces deux matières pensaient, chantaient, riaient, hurlaient, marchaient. Ces deux riens étaient tout. Obscurité lumineuse qui ouvrait une porte sur l'inconnu.

" L'océan est un abîme. L'air aussi. Quand ces deux abîmes fraternisent, l'infini apparaît. L'incommensurable se mesure, et l'invisible prend une forme. C'est la pénombre du mystère, et l'œil y aperçoit ce qui ne se voit pas : la quantité de pensée qui se mêle à la matière.

" L'air et la mer chantaient. Pourquoi ? — Parceque.....

" Chant inimitable, et que l'art humain ne peut no-
ter. Fort et faible, harmonieux et discordant, lugubre
et rieur. Suite de mélopée vague et rêveuse où le réel
se fait idéal, et l'idéal réel. Chanson qui prend une
forme et devient spectre, qui vous poursuit avec des
cris de rage, ou des ricanements sinistres, et qui vous
siffle dans les oreilles. Concert de fantômes.

—" Les ténèbres étaient palpables.

—" Qu'est-ce que l'obscurité ?

—" Une condensation de néant. De tous côtés le
vertige remplissait l'étendue. La terreur grouillait
obscurément dans l'ombre, et le vide ténébreux s'é-
tendait sans limites. Effondrement sinistre de la réalité.

" Le rivage était là imperturbable et froid. On eût
dit qu'il s'était endormi en écoutant les sourds grogne-
ments des vents et de la mer. Vainement, la vague,
l'écume à la bouche, le mordait au flanc. Il dormait.
L'absence d'âme paralysait ce corps.

" Au loin, dans la brume, apparaissaient, spectres
énormes, des fantômes gigantesques couchés dans la
mer. Rochers retentissants et fiers, îles chevelues et
sombres, qui, spectateurs silencieux, regardaient se dé-
rouler le drame terrible, joué par leurs acteurs favoris,
la mer et le vent. Théâtre sublime où l'homme se faisait atôme, et où l'atôme devenait géant.

" Je regardais, mais mon œil ne pouvait pénétrer
à travers la muraille d'ombre.

" J'écoutais, mais mon oreille ne pouvait analyser
cette confusion de concerts.

« Dans cette promiscuité sans fond, où l'indécis donnait le bras à l'invisible, mon âme seule voyait et entendait dans des sphères lumineuses le frôlement des infinis. L'inexprimable prenait une voix, et l'éclipse du visible dévoilait l'idéal.

« Cela était immense et merveilleux. »

Maintenant, lecteur, imaginez des centaines de pages de ce style, et vous vous demanderez avec effroi quel peut être l'avenir d'une littérature qui a choisi Victor Hugo pour modèle.

XXIV

M. LOUIS-HONORÉ FRÉCHETTE.

Il y a un peu plus de dix ans, je faisais mon Droit à l'Université-Laval.

J'occupais au second étage du pensionnat une de ces jolies chambres qui n'ont qu'un défaut, celui d'être trop riches pour des jeunes gens généralement pauvres, qui, au sortir de là, se trouvant souvent aux prises avec la misère.

J'avais pour voisin de chambre un jeune homme plein de talent et d'avenir qui, lui aussi, n'avait qu'un défaut, celui de préférer Lamartine à Pothier, et Octave Crémazie à son frère Jacques. Les hommes positifs, qui ne regardent pas sans mépris les favoris des muses, trouveront que c'était là un grand défaut,

et peut-être un vice. Mais pour ma part, je l'excusais
d'autant plus volontiers que je le partageais un peu.
Je ne poussais pas l'admiration de nos lois statutaires
jusqu'à l'enthousiasme, et le *Drapeau de Carillon* me
semblait être à lui seul un plus beau titre de gloire
que tout le *traité des actions* de M. *Bonjean.*

Nous avions donc les mêmes goûts et les mêmes
sympathies, et l'on comprendra dès lors que nous fai-
sions bon voisinage. Il y a tel article du règlement
universitaire qui en a bien souffert, et je confesse aujourd'hui que nous l'avons transgressé souvent. Mais
que ceux qui ont fréquenté l'Université-Laval, et qui
sont sans péché sous ce rapport, nous jettent les premières pierres.

Que de soirées nous avons passées ensemble à nous
extasier devant une strophe de Lamartine, de Victor
Hugo ou de Turquety ! Que de confidences intimes
nous avons échangées ! Que de châteaux maintenant écroulés nous avons alors bâtis dans cette malheureuse Espagne, depuis écroulée elle-même.

Ce temps des rêves a passé vite, et un jour nous
nous sommes jetés dans cette locomotive que l'on
appelle *la vie réelle :* il prit une direction, j'en pris
une autre, et nous nous perdîmes de vue. Hélas ! les
amitiés, pas plus que les amours, ne sont éternelles :
les séparations, les intérêts, les opinions, la politique,
et mille autres causes viennent tour à tour les briser,
et la chaîne de la vie ne se tisse pas autrement qu'avec
des fils rompus.

De ce moment, je renonçai au culte des muses qui
ne voulaient pas m'apporter à dîner, et je fis ma cour

à Thémis, qui, toute païenne qu'elle soit, ne se montra pas insensible à mes hommages. Un soir que je me rongeais les ongles en libellant une exception péremptoire, en droit perpétuelle, la malle m'apporta, avec les amitiés de mon ami, un joli petit volume de poésies qu'il venait de publier. Je fus charmé de voir qu'il n'avait pas abandonné comme moi ce pays des nuages que nous avions ensemble parcouru ; et pourtant, je le plaignis en pensant que la clientèle lui laissait assez de *loisirs*, pour lui permettre de les versifier et de les mettre en volume.

Le chemin des nuages que l'on s'imagine volontiers être le plus beau du monde, est généralement difficile à suivre ; ce sol est le plus mouvant qu'il soit possible de voir, et le voyageur qui s'y égare y fait souvent des faux pas et des chutes désastreuses. Aussi, peu de temps après la publication de " *Mes Loisirs*," j'appris que mon ami avait pris la route des Etats-Unis. J'en fus sincèrement affligé, et je me dis : voilà encore une étoile qui file.

Cette fois, la distance qui nous séparait était immense, et je croyais qu'il m'avait oublié depuis longtemps, lorsqu'il y a quelques semaines, il se rappela à mon souvenir en m'adressant de son " Exile's Hermitage " une poésie de longue haleine qui a pour titre " *La voix d'un exilé.* "

Quelques strophes de cette brochure, celles où je l'ai reconnu, m'ont charmé et attendri. D'autres, celles où sa voix a vociféré au lieu de chanter, m'ont profondément affligé. C'est alors que j'ai conçu l'idée de faire l'appréciation des œuvres du poëte, espérant que

cet écho d'un temps meilleur ranimerait dans son cœur
des souvenirs éteints, et y ferait renaître certaines
plantes salutaires qui menacent d'y mourir.

L'affection et l'intérêt que j'ai toujours eus pour
mon ami sont donc les seuls motifs qui me font prendre la plume, et je veux pouvoir dire de l'étude que
j'entreprends ce que Nettement disait de l'un de ses ouvrages : " rester juste envers le talent, quelle que soit
" l'école au service de laquelle il est enrôlé et ne point
" amnistier cependant les idées fausses ou dangereu-
" ses à cause du talent déployé pour les exposer et les
" défendre, chercher avant tout la vérité, la dire sans
" faiblesse parce qu'elle est utile, sans amertume ¡par-
" ce que c'est le moyen de la faire accepter, demander
" à l'étude du passé des enseignements pour tout le
" monde et non des récriminations : telle a été la pré-
" occupation constante de l'auteur de cet ouvrage. "

1

Mes Loisirs.

Le titre de cet ouvrage n'est pas neuf. — En 1846,
madame la baronne de Montaran publiait deux volumes qu'elle intitulait aussi " *Mes Loisirs.* " Mais la
publication d'un tel recueil de poésies dans notre pays
était quelque chose de nouveau, et comme disait l'auteur, c'était un pas de plus pour notre littérature. Ce
n'était pas précisément un livre, puisqu'il n'exprimait

pas une idée, ainsi que l'auteur le déclare lui-même dans une préface qui a le triple merite d'être courte, modeste et spirituelle. C'était un volume joli à voir, agréable à lire, et qui résonnait harmonieusement aux oreilles du lecteur comme une symphonie de Beethoven.

Cette publication néanmoins ne fut pas plus heureuse que bien d'autres, et ne réussit pas à faire sortir le public canadien de son indifférence en matière littéraire. Quelques journaux en causèrent un péu, et ce fut tout. Le libraire n'écoula pas, que je sache, un grand nombre d'exemplaires, et l'ouvrage n'aura probablement jamais sa seconde édition. Disons-le, il n'était pas de nature à créer une grande sensation ; mais il méritait plus d'attention dè la part du public, et ne fût-ce qu'à titre d'encouragement, tous les lecteurs canadiens auraient dû se hâter de placer ce petit volume sur leurs rayons. Dès les premières strophes ils auraient reconnu dans son auteur un vrai poëte, et le patriotisme leur eût fait un devoir de protéger cette jeune muse, et d'en favoriser le développement.

Malheureusement, il n'en fut pas ainsi, et l'auteur, froissé de l'accueil indifférent fait à son œuvre, manqua de courage et d'énergie. En présence de l'adversité, ce creuset où le poëte doit grandir, il se montra faible et il abandonna sa patrie. C'est la grande faute de sa vie, et nous verrons plus loin la funeste influence qu'elle a exercée sur son talent.

Une critique minutieuse de *" Mes Loisirs* " serait une étude pénible, longue et sans intérêt. D'ailleurs, je ne suis pas de ceux qui s'imaginent que la poésie

puisse être soumise au froid travail du scalpel ; et si,
d'une part, il est bon que l'imagination du poëte soit
bien réglée, d'autre part il faut bien se garder de lui
couper les ailes. Je ne jugerai donc, à proprement
parler, que l'ensemble de l'œuvre, et non les strophes
qui la composent.

Ceux qui chercheraient dans " *Mes Loisirs* " un enseignement quelconque, ou la démonstration d'une
grande idée, ne seraient pas satisfaits, et n'arriveraient
pas à la fin du volume. Ce sont des poésies sans
suite, sans lien naturel, jaillies spontanément et sans
effort de l'imagination du poëte dans les diverses circonstances où il s'est trouvé placé. Ce sont des descriptions où le poëte se fait peintre, et prodigue ses
couleurs avec uue richesse merveilleuse ; des narra-
tions où le conteur n'intéresse pas toujours, malgré
son inépuisable fécondité ; des confidences qui n'ont
que l'apparence de l'intimité, et qui laissent totale-
ment dans l'ombre tous ces mystérieux replis du cœur
humain que les poëtes ont mission d'éclairer.

Ce sont des odes au vol parfois majestueux, quelquefois sublime, le plus souvent plein de grâce, et
d'harmonie, où les grandes images remplacent les
idées absentes, et où l'on s'aperçoit que la rime a souvent précédé la pensée. Ce sont des chansons, des
romances dans le genre tout-à-fait moderne, c'est-à-
dire dont la musique peut être belle, mais dont la
poésie, sauf quelques rares exceptions, n'a pas d'autre
qualité qu'une certaine plénitude sonore qui remplit
toujours l'oreille mais qui n'atteint pas jusqu'au cœur.

L'expression est toujours riche, le vers est presque toujours beau, la période est bien arrondie, et enchassée dans une ponctuation soignée. C'est joli, c'est brillant, c'est mélodieux ; mais le lecteur, tout en se laissant bercer par cette harmonie,

S'étonne du plaisir qu'il prend à ne rien voir !

Le génie poétique s'y révèle à chaque page ; mais ce génie n'est pas mûr, et n'a pas été suffisamment nourri. L'auteur a cru qu'il était suffisant d'être né poëte ; il s'est trompé. Il lui fallait étudier avant de produire, amasser des richesses avant d'être prodigue.

L'intelligence humaine, si belle qu'elle soit, a toujours besoin de culture ; c'est un terroir plus ou moins fertile, mais encore faut-il y déposer une semence, si l'on veut qu'il produise de bons fruits. Autrement, une végétation parfois luxuriante, mais inutile ou dangeureuse, s'y développe librement et en épuise la séve. Ce qui manque donc à l'auteur de " *Mes Loisirs,*" c'est la maturité, et l'on peut appliquer à son œuvre ce vieil axiome de droit, " la forme emporte le fond."

Mais hâtons-nous de le dire, à côté de ces faiblesses il y a des tours de force étonnants et des pages admirables. Le poëte s'élève et se soutient quelquefois à une grande hauteur, et les chants qui s'échappent alors de sa lyre sont d'une rare beauté.

Je m'accorde le plaisir de citer quelques strophes où la magnificence de l'image ne le cède en rien à la richesse de l'expression.

Voici comment le poëte débute dans son *Hommage*

au Chevalier Falardeau, à l'occasion de son retour passager au Canada :

> Quand l'aigle, fatigué de planer dans la nue,
> A compté les soleils dans son vol triomphant,
> Il revient se poser sur la montagne nue
> Qui tressaille d'orgueil en voyant son enfant.

———

> Peintre, tu nous reviens comme en sa course immense,
> L'aigle qui disparaît dans son sublime essor,
> Puis retourne un instant au lieu de sa naissance,
> Pour s'élancer au ciel et disparaître encor.

———

> Arrivé tout à coup des sphères immortelles
> Où, sans craindre leur feu, tes pieds se sont posés,
> Tu resplendis encore, et l'on voit sur tes ailes,
> La poudre des soleils que ton vol a rasés.

———

Plus loin, dans une pièce publiée le premier de
l'an 1861, le poëte s'écrie en parlant de la Révolution :

> On les a vus les fils de ce siècle parjure,
> La bouche vomissant le blasphème et l'injure,
> S'attaquer à la main qui voulait les bénir ;
> On les a vus portant une main sacrilége
>   Sur ce que Dieu même protège,
> Et qui disaient au Christ : Ton règne va finir !

Une autre poésie, d'un lyrique achevé, intitulée
" *Alleluia,* " avec cet épigraphe : " *Resurrexit sicut
dixit,* " commence ainsi :

> Satan vient de s'enfuir au fond des noirs abîmes ;
> L'immense sacrifice est enfin achevé :
> Le monde a consommé le plus grand de ses crimes...
>   Et le monde est sauvé !

Il faudrait reproduire bien d'autres passages pour donner une idée complète des beautés littéraires répandues ça et là dans mes " *Mes loisirs.*" Que le lecteur parcoure lui-même ce petit volume, et je suis convaincu qu'il relira plusieurs fois avec plaisir, outre les travaux que je viens d'indiquer, l'*Envoi*, l'*Iroquoise*, la *Charité*, le *Héros de* 1760, et quelques autres.

Dans toutes ces poésies le style est gracieux, coloré, facile et quelquefois châtié. Il n'a pas toujours la force et l'elévation qu'on lui souhaiterait ; mais il a de l'éclat et de l'élégance. C'est un ruisseau qui gazouille harmonieusement sur un lit de fleurs, et qui, par intervalles, devient torrent et fait des bonds magnifiques.

Dans la dernière partie du volume le poëte a voulu chanter ses amours. A-t-il bien réussi ?—Je ne le crois pas. Ses vers ne sont que jolis ; ils ne sont pas touchants. Ils flattent l'oreille, mais ils ne vont pas au cœur. L'amour vrai a moins de paroles et plus de sentiments, moins de larmes dans la voix et plus dans les yeux.

En résumé, voici mon opinion sur " *Mes Loisirs :* "

L'auteur s'est trop hâté de produire. Il a fait preuve d'un beau talent, mais il n'a pas fait un beau livre. Il a fait beaucoup de beaux vers, mais peu de vraie poésie, beaucoup de musique mais peu d'éloquence, et lorsque j'arrive à la fin du volume, je m'aperçois que l'harmonie est monotone, et que ni mon esprit ni mon cœur ne sont pleinement satisfaits.

2

La Voix d'un Exilé.

Il y a dans " *Mes Loisirs* " une poésie touchante, ayant pour titre : " *A mon frère Edmond.* " Le poëte raconte que leur mère en mourant les fit approcher de son lit de douleur, et leur dit :

"........Voulez-vous que ma voix maternelle
" Vous enseigne en mourant le secret d'être heureux,
" Soyez toujours unis et marchez deux à deux ! "
Nous lui promîmes tout............................
Eh bien ! soyons unis ! et la main dans la main,
Aidons-nous, et trompons les ennuis du chemin !

J'ai été frappé de ces beaux sentiments quand j'ai pensé aux chemins si différents que ces deux frères ont suivis ! L'un a abandonné son pays, et il en diffame maintenant les autorités et les institutions. L'autre a préféré faire honneur à sa Religion et à sa patrie, et il s'est noblement enrôlé sous les drapeaux du Saint-Père.

Qu'est donc devenu ce serment du poëte de marcher avec son frère la main dans la main ?—Hélas ! la distance qui les sépare maintenant est immense. Lorsqu'il y a près d'une année l'élite de la jeunesse canadienne s'est levée comme un seul homme, et a demandé des armes pour aller défendre la religion outragée, ah ! c'était alors que les deux frères auraient dû marcher *unis, et la main dans la main !* C'était le moment pour mon ami d'ajouter à l'auréole du poëte qui ceignait déjà son front, celle du bon citoyen et du bon chrétien ! C'était l'heure de s'imposer un exil méritoire, et d'aller planter sa tente, non pas dans la *Nouvelle Ausonie,* comme il appelle la république Américaine, mais dans la vieille Ausonie, dans cette terre vraiment bénie que le sang des martyrs a tant de fois arrosée. C'était ce sacrifice qu'il fallait imposer au poëte pour le grandir, à l'homme pour le sanctifier. La Ville-Eternelle eût dignement remplacé son " *exile's hermitage*," et c'est de là qu'il aurait pu écrire avec vérité :

Il est sous le soleil une terre bénie
Où fatigué, vaincu par la vague ou l'écueil,
Le naufragé revoit des rives parfumées ;
Où cœurs endoloris, nations opprimées
Trouvent un fraternel accueil. (1)

Oh ! comme le poëte se fût senti inspiré en s'agenouillant au tombeau des apôtres, et en voyant

Derrière le trône de Pierre
Briller le front de Jéhova ! (2)

Quelles strophes harmonieuses et pleines de grandes pensées eussent alors jailli de sa lyre, et que, " *la voix d'un zouave pontifical* " eût été supérieure à cette " *voix d'un exilé*" que nous avons sous les yeux ! Le poëte ne l'a pas voulu : tant pis pour sa gloire, tant pis pour son âme !

Au lieu de cette grande et noble carrière qui s'ouvrait devant lui, M. Louis-Honoré Fréchette a préféré

---

(1) *La voix d'un exilé*, page 4.
- (2) *Mes Loisirs,* page 22.

jouer le rôle que nous allons voir. À l'exemple de Victor Hugo dont il semble vouloir imiter les écarts, il a décoré son nom du titre d'*Exilé*, et il a voulu comme son modèle infliger des *châtiments.*

Il a donc pris sa lyre, et comme le titre " *Châtiments* " avait été adopté par son maître, il a chanté " *La voix d'un exilé.* "

Cette longue diatribe forme une petite brochure in-8o de dix-huit pages et se divise en deux parties intitulées *première et seconde année.* Du reste, ces deux parties se ressemblent, et par la forme et par l'idée ; disons mieux, la seconde est à peu près la répétition de la première. Dans l'une comme dans l'autre, le poëte a voulu donner la férule au gouvernement canadien, et toutes deux pourraient se résumer dans cette seule phrase : " mon pays est beau, et j'aime
" rais bien à y vivre ; mais il est gouverné par une
" bande de brigands et ça me fâche. " Il a fallu cinq cents vers pour exprimer cette idée !

Voici comment le poëte débute :

> O terre des aïeux ! ô sol de la patrie!
> Toi que mon cœur aimait avec idolâtrie,
> Me faudra-t-il mourir sans pouvoir te venger ?
> Hélas ! oui, pour l'exil je pars, l'âme souffrante,
> Et, giaour errant, je vais planter ma tente
> Sous le soleil de l'étranger.

Sauf la qualification de *giaour errant* que le poëte y ajoute à son titre d'exilé, et qui ne lui convient pas du tout, cette strophe est belle. Cependant le début de la seconde partie est encore plus beau. Les stro-

phes qui suivent sont dignes de Lamartine, et rappel-
lent les *Harmonies Poétiques et Religieuses :*

Quand le vent est muet, quand la nuit est sereine,
Sur les bords du grand lac mon pas distrait m'entraîne,
Car j'aime le désert, l'air et la liberté.
Là, penseur attardé, le front noyé dans l'ombre,
Et le regard perdu sur les vagues sans nombre,
    J'interroge l'immensité.

Loin, là-bas, par delà ce nuage qui passe,
Par delà l'horizon, que cherche dans l'espace
Mon œil que si souvent les larmes ont terni !
Ah ! c'est qu'il est un lieu dont le nom vous enflamme,
Et dont le souvenir est mieux gravé dans l'âme
    Que dans le bronze et le granit.

Ce lieu, c'est le berceau, c'est la rive chérie,
Montagne, plage aride, ou campagne fleurie,
Coin de terre où, chétif, l'homme a reçu le jour ;
Qu'on l'appelle Pologne, Irlande ou Sibérie,
Sables, glace, ou pampas, c'est toujours la Patrie,
    Et ce nom-là veut dire Amour !

Je t'aime, nom sacré, sublime symphonie
Dont la mélancolique et suave harmonie
M'apporte en souvenir tant d'espoir envolé ;
Toi qui fais les grands cœurs, au jour des grandes crises ;
Toi qui chantes partout, sur les flots, dans les brises,
    Toi qui fais pleurer l'exilé !.......................

Oui, je t'aime ! et pourtant, sur ma lyre attendrie,
Quand je veux te chanter, beau nom de ma patrie,
L'amertume toujours attriste mon refrain ;
Les paroles d'amour se glacent dans ma bouche,
Et puis je ne sens plus sous mon ongle farouche,
    Frémir que des cordes d'airain.

> O ruisseaux gazouillants, ô brises parfumées,
> Accords éoliens vibrant dans les ramées,
> Soupirs mélodieux, sons suaves et doux,
> Trémolos qui montez des frais nids de fauvettes,
> Voluptueux accents qui bercez les poëtes,
>   Chants et murmures, taisez-vous !

—————

> Vous me charmiez jadis : cette époque est passée ;
> Vos douceurs ne vont plus à mon âme froissée ;
> Mon vieux luth s'est brisé sous mon doigt trop hardi ;
> . . . .

C'est là le genre qui convient au talent de M. Fréchette, et chaque fois qu'il a touché cette corde de sa
lyre, elle a rendu les sons les plus touchants et les
plus harmonieux.

Malheureusement ces beaux vers ne sont pas le fond
de la pièce ; ils n'en sont que le prélude ; et tout à
coup, presque sans transition, la rage du poëte fait explosion comme une liqueur qui fermente ; le sang lui
monte à la tête, et l'écume à la bouche :

> . . . .
> Vengeur, j'ai sous mes yeux un immortel exemple :
> J'ai vu l'homme de Paix sur les dalles du temple,
>   Terrible et le fouet à la main.

—————

> A moi ce fouet sacré, ce fouet de la vengeance !
> Arrière, scélérats ! arrière, ignoble engeance !
> Brigands de bas étage et fourbes de haut rang !
> Point de grâce pour vous ; fuirez-vous jusqu'au pôle ?
> Je vous appliquerai le fer rouge à l'épaule
>   Et je vous mordrai jusqu'au sang !

Je ne voudrais pas irriter mon ami, mais dans l'intérêt de la vérité je suis forcé de dire que le poëte
s'est étrangement trompé, s'il a crû tenir dans ses

mains *ce fouet sacré* dont le Christ s'est servi pour
chasser les vendeurs du temple. Le fouet du Sauveur était tout autre, et il en usait tout autrement. Le
vôtre, ô poëte, n'est qu'un fouet de charretier, et, ma
foi ! vous en usez......dignement !—Citons plutôt :

> Pour grossir dignement leurs cohortes impies,
> Ils ont tout convoqué, requins, vautours, harpies,
> Va-nu-pieds de l'honneur, héros de guet-apens;
> Hardis coquins, obscurs filous, puissants corsaires,
> Bretteurs, coupe-jarrets, renégats et faussaires,
> Bandits, voyous et sacripants !

Quand on est poëte et gentilhomme, il y a des ex-
pressions dont la crudité doit révolter, et qui doivent
être laissées aux poissardes. Quelle que soit la haine
qui déborde du cœur, il y a des injures, des invectives
qui appartiennent au bourbier, et qui ne doivent pas
sortir de la bouche de l'homme bien élevé. Je regrette que mon ami n'ait pas tenu compte de ces
principes élémentaires de bonne éducation.

En vérité, comment veut-il que l'on admire des
vers comme ceux que je viens de citer, et les sui-
vants :

> On voit, dans le repaire où tout cela pullule,
> Le ban, l'arrière-ban de toute la crapule ;
> Ils ont pour les trouver feuilleté les écrous,
> Vidé les lupanars, sondé chaque tanière,
> Bouleversé l'ordure, interrogé l'ornière,
> Et plongé dans tous les égouts.

* * *

> ....
> Ces pieuvres, ces chacals, ces vampires livides,
> Ces monstres devant qui pâlirait Barabas :
> ....
> O peuple...
> On te hue, on te berne, on te pique, on te mord !

Ce dernier vers est absolument ridicule.

Une fois lancé dans cette voie, le poëte ne s'arrête plus. Il enfourche hardiment Pégase, et fouette cocher. Or, je l'ai suffisamment démontré ; pour mon ami, Pégase n'est pas rétif, mais il est indompté ; et sous les coups de ce fouet *non sacré* que son cavalier manie si bien, la noble bête fait la course la plus échevelée qui se puisse voir.

Elle bondit, elle se cabre, elle prend le mors aux dents, et distribue des ruades à tous ceux qu'elle rencontre sur son chemin, au clergé, à Son Excellence le Lieutenant-Gouverneur, à Sir George-Etienne Cartier, à M. Chauveau, aux autres ministres, à toutes nos gloires nationales. Et le cavalier, tout fier de sa monture, s'appelle modestement :

Le sombre avant-coureur du grand jour qui se lève !

Sa lyre devient une petite caisse qui fait un bruit assourdissant, mais qui sonne creux. Ce sont des clameurs furieuses, des cris discordants, des éclats de cymbales, des bruits de grelots fêlés et du *boum-boum*. Il y a encore de la cadence, des rimes riches et de beaux vers ; mais le ton est déclamateur, faux et cassant. Sous prétexte de montrer de la vigueur, le poëte casse les vitres, et pour prouver qu'il a la voix forte, il s'égosille.

Enfin, après avoir épuisé le vocabulaire démocratique, après avoir parlé de *rois ventrus*, de *tyrans*, de *traîtres*, de *peuples vendus*, de ministres *corrupteurs et corrompus*, de *progrès*, etc., le poëte se pose modestement en prophète, et jetant un regard sur l'avenir, il s'écrie : . . . .

La Liberté paraît, sublime, grandiose,
Paix ! victoire ! hosanna ! son pied d'airain se pose
Sur un cadavre terrassé !

Là, nous voilà bien avancés ! Et comme le monde
ira bien quand la Liberté prendra cette *pose grandiose!*
Ce qui est certain c'est qu'elle devra se bien tenir avec
cette cheville au pied.

Quoiqu'il en soit, il faut laisser au poëte sa conso-
lation, j'allais dire son fétiche ; et il ne faut pas le
blâmer d'avoir terminé les deux parties de sa pièce de
la même manière, par une apparition soudaine de la
déesse Liberté, devant laquelle il plie le genou.

Au reste, ce pied d'airain de la liberté, posé sur un
cadavre, fait une belle image et exprime une idée
vraie. La liberté démocratique n'a qu'un pied d'airain, et c'est toujours sur des cadavres qu'elle le pose.
C'est cette liberté que M. Fréchette veut introduire
dans notre pays : merci, poëte, nous préférons la liberté religieuse posant ses pieds d'or sur le frontispice
de nos temples.

3

Ma tâche n'est pas finie.

Je l'ai dit en commençant, l'intérêt que je porte à
M. Louis-Honoré Fréchette a été le motif déterminant
de ce travail et je ne voudrais pas l'avoir critiqué sans
utilité pour lui-même. Avant de lui dire adieu, je
veux donc lui adresser quelques conseils.

11

Je me suis senti profondément ému en lisant les strophes mélancoliques que le poëte consacre au souvenir de la patrie dans " *La voix d'un Exilé*", et, du fond de mon cœur, je lui ai répété ces vers de Lamartine au Comte Xavier de Maistre :

> O sensible exilé ! tu les as retrouvées
> Ces images de loin, toujours, toujours rêvées,
> Et ces débris vivants de tes jours de bonheur !
> Tes yeux ont contemplé tes montagnes si chères,
> Et ton berceau champêtre, et le toit de tes pères ;
> Et des flots de tristesse ont monté dans ton cœur !

Oui, mon ami, je comprends les tristesses de l'exil, et je vous plains. Mais cet exil est volontaire, et vous pouvez le faire cesser : pourquoi ne le faites-vous pas ? Qui vous retient sur cette terre ennemie de vos compatriotes, parmi cette foule entièrement absorbée par les intérêts matériels ? Espérez-vous y trouver un écho plus sympathique aux accents de votre lyre ?— Détrompez-vous, la nation que vous semblez affectionner est livrée à un autre commerce que celui des muses.

Revenez donc sur les bords de ce grand fleuve que vous avez chanté, et vous y trouverez encore des carrières honorables ouvertes devant vous. Peut-être vous faudra-t-il attendre un peu, et montrer plus de courage et de persévérance qu'autrefois ; mais vous devez l'avoir appris maintenant : savoir attendre son heure, voilà ce qui fait l'homme grand.

Vous avez osé vous comparer à l'*Homme de Paix* : vous deviez simplement le prendre pour modèle, et nul plus que lui, vous le savez, n'a été patient et n'a su attendre son heure. Votre ami et votre émule, M. Pamphile Lemay, a lutté courageusement contre l'adversité, et son pays l'a récompensé. De même, vôtre patrie se souviendrait de vous si vous reveniez lui consacrer votre jeunesse et vos talents.

Sachez-le bien, d'ailleurs, le milieu que vous habitez est malsain ; l'air que vous respirez est vicié, et votre beau talent en a déjà beaucoup souffert. Vos chants ont perdu leur candeur et leur pureté, et je n'y retrouve plus, hélas ! ces principes religieux, et ce respect de l'autorité qui faisaient l'ornement de vos premiers essais.

Je lis dans " *Mes Loisirs*" cette belle strophe que vous n'écririez plus :

> Pauvre siècle qu'on nomme un siècle de lumière,
> Où l'on voit aux palais comme sous la chaumière,
> Fermenter le désordre et le mépris des lois !
> Où des bandits sortis des tripots et des bouges,
> Hurlant sous leurs longs drapeaux rouges,
>   Jettent l'éclaboussure à la face des rois !

Aujourd'hui, vous appelez les rois *ventrus*, et vous donnez au scandale et au crime,

" Le sanctuaire pour décor. "

Comme le grand poëte fourvoyé que vous avez pris pour patron, vous étiez, à votre début, religieux et royaliste, et comme lui vous glissez maintenant sur la pente de l'irréligion et de la démagogie. Ah ! mon ami, vous vous êtes séparé de vos concitoyens, je vous en conjure, ne vous séparez pas de leurs croyances religieuses ; vous vous êtes exilé de la patrie : ne vous exilez pas de l'Eglise notre mère.

La religion, a dit Bacon, est l'arôme qui empêche la science de se corrompre : on peut dire avec autant de vérité que la religion est l'aile de la poésie, et que celle-ci ne peut planer dans les hautes régions de l'art sans le secours de cette aile puissante. C'est pour avoir méconnu cette vérité que la littérature moderne est devenue panthéiste et matérialiste. Elle a voulu se passer de religion, et comme il fallait cependant de l'idéal pour satisfaire l'homme qui est esprit et matière, elle a spiritualisé la matière et matérialisé l'âme.

Eh bien, mon ami, si vous voulez devenir un grand poëte, il faut que vous évitiez ces écueils ; et pour les éviter, il faut changer de route et revenir au pays. Vous avez souffleté la patrie dans la personne de ses chefs, et la religion dans la personne de ses ministres : ce sont deux grandes fautes. Mais vos concitoyens sauront les oublier, pourvu que de votre part vous n'oubliiez jamais que ces deux grands mots, " *religion et patrie*, " expriment deux grands amours sans lesquels il n'y a pas de poésie possible.

Nous n'avons pas trop de talents au service de notre nationalité : revenez vous enrôler sous nos drapeaux ; brisez avec la démocratie dont l'influence est funeste à votre talent ; inspirez-vous aux sources pures de la vérité catholique, et vous serez peut-être un jour le premier de nos poëtes, et l'un de nos grands citoyens.

4

J'avais publié dans le *Courrier du Canada* l'étude
littéraire qui précède, sur les poésies de M. Louis-
Honoré Fréchette. Je croyais avoir été juste envers
son talent, et j'avais dû être sévère pour ses idées.
Non-seulement je n'avais contre lui aucun sujet d'ani-
mosité, mais une vieille amitié m'induisait à exagérer
plutôt la louange que le blâme. Je fus donc bien étonné lorsqu'en juin (1869) je reçus de Chicago la troisiè
me partie de " *La voix d'un exilé,* " avec ces mots au
bas : *Encore une occasion de faire de la réclame profes-
sionnelle et électorale,* et la signature L. H. F.

Cette réplique était à la hauteur et dans le style du
peuple que le poète admire. Les américains voient
partout des occasions de réclame, et M. Fréchette,
leur enfant d'adoption, a pris ma critique pour une
affiche. Il a eu tort ; le charlatanisme n'est pas mon
fait, et, si j'étais charlatan, je saurais choisir une
autre industrie que la critique littéraire. M. Fréchette
voudra bien m'en croire, mes clients et mes électeurs
s'occupent fort peu de savoir si je suis expert ou non
en critique littéraire. Le mercantilisme s'est emparé
de la littérature française depuis longtemps déjà, et
l'on en connaît les résultats funestes ; mais il n'y a pas
de danger que cette plaie nous atteigne. M. Fréchette
sait mieux que personne qu'en Canada la prose ne se
vend pas cher, et que la poésie n'a guère de vogue.
" Mes loisirs " ont été, ce me semble, *une réclame*

professionelle et électorale peu profitable, et le retentissement de la " voix d'un exilé " n'a pas été immense.

Non, M. Fréchette le sait, ce n'est pas pour moi, mais pour lui-même que ma critique a été une réclame. Les hommes sont oublieux, et j'ai rappelé très à propos-à leur souvenir le poëte et ses œuvres. Si d'un côté, j'ai sévèrement condamné ses idées libérales et ses injures à sa patrie, d'autre part, j'ai remis sous les yeux des lecteurs canadiens beaucoup de beaux vers qu'ils avaient oubliés, et je crois avoir servi le besoin que ressentait le poëte de faire un peu de bruit. Lui-même n'a pas été mécontent du résultat puisqu'il a pris la peine de m'adresser la troisième année de sa " Voix d'un Exilé " et de m'exciter à reprendre la plume.

M. Fréchette a été une des victimes du libéralisme en Canada, et en cela il a partagé le sort d'un grand nombre. Combien de jeunes gens dont les talents faisaient concevoir les plus belles espérances, et qui se sont perdus dans les sentiers obscurs du libéralisme ! En France, c'est en revêtant les couleurs libérales que l'on arrive aux emplois, aux décorations, à l'académie, à tous les honneurs ! Dieu merci, nous n'avons pas à déplorer ici un semblable état de choses, et j'espère que jamais, *sous aucun déguisement*, le libéralisme ne se rendra maître de la chose publique. Pour cela, il ne faut pas cesser de le combattre ; car de toutes les doctrines subversives, c'est la plus spécieuse et la plus insinuante. C'est celle qui sourit davantage aux vagues aspirations de la jeunesse vers l'inconnu, vers l'indéfini. Au seul mot de liberté le jeune homme prête

l'oreille et croit entendre un concert de promesses.
C'est une sirène qui devine ses instincts, qui charme
ses désirs, et qui l'endort sur la pente des abîmes !

Hélas ! une fois endormi par cette enchanteresse, il
semble être sous l'empire d'une espèce de magnétisme
et les fortes secousses de la réalité ne le réveillent
plus. Toutes ses espérances, toutes ses illusions les
plus chères s'évanouissent les unes après les autres, et
son rêve n'est pas même interrompu ! Comme le nau-
tonnier qu'un mirage trompeur a séduit, il voit toujours surgir au loin quelque rive fleurie, quelque
rade embaumée dont les bras s'arrondissent pour recevoir la nacelle qui porte sa fortune ! Etrange illusion,
que l'infortune elle-même ne dissipe pas toujours !
Etrange sommeil qui devient léthargie !

Comme un trop grand nombre de jeunes gens, M.
Fréchette n'a pas su résister aux charmes de la *déesse
Liberté*, et il a trop fréquenté ses autels. C'est pour la
suivre qu'il a abandonné sa patrie, et c'est pour la
servir qu'il s'impose encore un exil volontaire. Hélas !
la belle déesse ne paraît pas être suffisamment recon-
naissante et l'Eden qu'elle avait promis à son serviteur
semble un peu tarder à s'ouvrir. Le poëte s'en afflige,
et chacune des trois parties de la " Voix d'un Exilé "
commence de la même manière : par une plainte éloquente. Je cite les premières strophes de la dernière
partie :

> Le soleil, ce matin, s'est levé dans la brume,
> Comme les flancs noircis d'un cratère qui fume ;
> Par un épais brouillard le ciel était voilé.
> Pas un seul coin d'azur à l'horizon sans borne....
> Hélas ! il est souvent ainsi lugubre et morne
> Le firmament de l'exilé !

Tout est brumeux aussi dans mon âme affaissée ;
La tristesse me navre, et ma sombre pensée
Promène çà et là son vol extravagant,
Comme ces lourds oiseaux qu'on voit, dans la tourmente,
Voltiger de la dune à la vague écumante,
    Et tournoyer dans l'ouragan.

Un long panorama devant moi se déroule ;
Tous mes vieux souvenirs se réveillent en foule,
Et passent sous mes yeux en groupes éplorés....
Ah ! comment voulez-vous que je vous reconnaisse,
Chastes illusions de mes jours de jeunesse,
    De ces jours que j'ai tant pleurés ?

Sous ces voiles de deuil pourquoi donc m'apparaître,
Mes beaux rêves perdus, vous que je croyais être
Sous la poudre du temps pour toujours enfouis ?
Et vous, premiers accents de l'âme qui s'éveille,
Pourquoi reviennent-ils vibrer dans mon oreille
    Vos longs échos évanouis ?

O printemps de la vie, ô premières années,
Heures d'enfance, ô vous que Dieu nous a données
Pour que chacun de nous eût sa part de bonheur ;
Fantômes du passé, saintes mais tristes ombres,
Hélas ! venez-vous donc hanter mes rêves sombres
    Pour ajouter à ma douleur ?

Plusieurs fois j'ai relu ces vers, jamais sans attendrissement. Ils versent dans l'âme une douce mélancolie et remettent sous les yeux les plus chères images du passé. Il semble qu'une larme a tombé sur chacune de ces strophes, et qu'elles ont jailli du cœur comme les pleurs jaillissent des yeux. C'est ici que je reconnais le vrai poëte et c'est ainsi que je l'aime et l'admire. C'est simple et c'est noble, c'est touchant et c'est grand, c'est triste mais c'est résigné !

Pour la gloire du poëte, je voudrais qu'il écrivît toujours ainsi, et qu'il laissât à Victor Hugo le style irrité qu'il lui emprunte. Mais, sans tenir compte de cet avis que je lui ai donné déjà, M. Fréchette, après les vers magnifiques que je viens de citer, reprend le style des *Châtiments.* Comme dans les premières parties de la " Voix d'un Exilé " le poëte s'indigne et s'enflamme, et dans un style échevelé, il déverse l'injure et le mépris sur notre peuple et sur ses chefs. A ses yeux, nos hommes politiques les plus remarquables sont des brigands, et le peuple canadien est un pauvre imbécile qui se laisse traîner dans la fange. Quant à lui, il est le vengeur farouche suscité par Dieu pour flageller les coupables, et si vous voulez savoir comment il s'en acquitte, lisez :

> Moi, j'ai rempli ma tâche et ma main s'est lassée.....
> Presque seul contre tous, la manche retroussée,
> J'ai cravaché ces gueux de notre honte épris ;
> Et, bousculant du pied cette meute hurlante,
> J'ai, farouche vengeur, à leur face insolente
> Craché les flots de mon mépris !
> Infructueux efforts, châtiments inutiles !
> Sur leurs fronts aplatis comme ceux des reptiles,
> Mon bras a buriné le nom de leur forfait ;
> Je les ai secoués comme l'onde une épave ;
> Et j'ai, tout ruisselant des éclats de leur bave,
> Cloué ces monstres au gibet !

Libre à vous, ô poëte, d'user au service d'une nation ennemie vos facultés et votre vie ; mais, de grâce, épargnez-nous au moins vos injures et vos sarcasmes. Laissez ce peuple que vous calomniez poursuivre sa marche vers l'avenir, et si vous voyez qu'il chancelle, venez lui offrir votre bras. Extirpez de votre cœur ce ferment de haine que l'orgueil alimente, et allumez-y la sainte flamme de l'amour, qui est la grande puis-

sance, et la grande vitalité de.l'art, dit le Père, Félix.
" L'amour, ajoute l'orateur, fait sur les œuvres de
l'artiste quelque chose d'analogue à ce qu'il fait sur le
visage de l'homme qui aime ; il y fait fleurir la
beauté. La haine enlaidit, l'égoïsme défigure ; l'a-
mour embellit et transfigure. "

Rien n'est plus vrai, et les vers qu'on vient de lire
sont une illustration de cette doctrine. Les premiers
sont beaux, ils respirent l'amour ; les derniers sont
détestables, ils expriment la haine.

Aimez donc, vous tous qui voulez être artistes. Aimez l'Eglise et la Patrie, et de même que la beauté
produit l'amour, ainsi votre amour produira la beauté !

XXV

M. BENJAMIN SULTE.

———

Les Laurentiennes.

Tel est le titre d'un joli petit recueil de poésies que le comité de rédaction de la *Revue Canadienne* m'a chargé d'apprécier. Joli est vraiment l'épithète qui convient à tous égards à ce petit volume : il est joli à voir, joli à toucher, joli à lire, et le luxe de la typographie le dispute à l'élégance des vers. Lors même que la strophe se traîne un peu, elle a toujours l'air allègre et pimpant dans cette jolie ceinture rouge dont M. Sénécal l'a ornée. L'alexandrin seul semble un peu à la gêne dans ce cadre, et menace parfois de l'enjamber. Mais l'enjambement, défendu en poésie, est peut-être permis en typographie.

En publiant *Mes Loisirs*, M. L.-H. Fréchette se posait cette question : *Ce livre contient-il une idée ?*—Et il répondait franchement et candidement : *Non.* Si je me pose la même question au sujet des *Laurentiennes*, je crois qu'il est juste de répondre : oui, ce livre contient une idée ; il est l'expression d'un grand amour, l'amour de la patrie. A chaque page, je pourrais dire à chaque strophe, l'amour de la patrie resplendit. C'est le sentiment qui inspire le poëte, c'est le feu qui l'échauffe, c'est l'aliment qui le soutient, c'est l'étoile qui éclaire ses pas dans l'ombre de ses rêves évanouis ; c'est le rayon de soleil qui perce ses nuages et illumine sa mansarde. Quand il souffre, il jette un regard au grand fleuve qui arrose sa patrie et qu'il a chanté, il contemple nos grands lacs, nos forêts et nos montagnes, et de son cœur consolé jaillissent des accents d'allégresse. Le chagrin ne fait pas long séjour dans son cœur, et quels que soient les nuages qui couvrent son existence, il s'enivre au spectacle de notre belle patrie, il tressaille en entendant son nom, et il émiette en chantant le pain noir de la vie :

> J'aime une chose—un nom tout-puissant et sublime,
> Un nom né d'une larme et d'un soupir d'amour,
> Un nom fait pour planer à la plus haute cime—
> Je l'ai chanté partout, même au plus mauvais jour.

> La cité, la colline et l'agreste chaumière
> L'ont entendu ce nom qui partait de mon cœur ;
> Je l'encadre en mes vers, je le mets sur la pierre,
> Il signifie : amour, espoir, vertu, bonheur\

Il me suffit à moi pour diriger ma vie,
Pour attendre sans crainte un pire lendemain :
Heureux lorsque je puis par mon humble refrain
Faire aimer la Patrie !

L'amour de la patrie, voilà donc le sentiment qui a inspiré M. Sulte ; faire aimer la patrie, voilà donc le but de son livre ; et comme le Saint-Laurent a été pour ainsi dire la source de ses aspirations, il en a tiré le titre même de son œuvre.

Ses poésies sont donc essentiellement canadiennes, et c'est un mérite qu'il ne faut pas taire, en ces temps où la nationalité canadienne-française doit s'affirmer hautement. Elles s'adressent à toutes les classes de notre société, et tous les lecteurs y trouveront une pièce ou du moins une strophe qui leur conviendra. Quel est le Canadien-Français qui ne lira pas avec plaisir *l'Evangile, les Colons, au St-Laurent, les Bûcherons, les Fils du St-Laurent, le Défricheur, le Bon Pasteur, le Canada Français à l'Angleterre, la Chanson de l'Exilé,* et tant d'autres poésies dont les titres trahissent la même origine et respirent le même arôme national ?

Tel est donc le caractère général de ce recueil de vers. Il chante le Canada et ses beautés, ses droits et ses devoirs, ses douleurs et ses espérances. Il évoque le passé et en célèbre toutes les gloires ; il rappelle le présent et en traduit les leçons ; il s'élance vers l'avenir, et flatte nos rêves d'or. C'est un hymne qui se répète, et dont les échos vont sur tous les sentiers réveiller le patriotisme endormi.

" J'aime les souvenirs évoqués par l'histoire
" Où le patriotisme, endormi de nos jours,
" Se ranime soudain à ce foyer de gloire
" Et rouvre au sein du peuple un champ pour 'ses amours.
" Portons vers les aïeux un regard salutaire ;
" Hélas ! dans notre orgueil habile à nous complaire
" Il arrive souvent que nous les oublions !
" Notre passé réclame un reflet populaire,
" Enseignons l'avenir par nos traditions :
" Consultons le passé, gardons nos mœurs austères,
" Car la grandeur s'allie à la simplicité ;
" Demeurez parmi nous, vertus héréditaires ;
" Travail, contentement, franchise, aménité ! " (1)

Voilà précisément ce que sont les *Laurentiennes* :
un reflet populaire de notre passé.

Apprécions-en maintenant avec impartialité le mérite poétique. M. Benjamin Sulte ne ressemble pas
aux 'autres poëtes canadiens, son genre est tout différent. Il n'a pas la grandeur et l'élévation de notre
regretté Crémazie, ni le lyrisme et l'éclat de M. L.-H.
Fréchette, ni la chaleur et la noblesse de M. Pamphile
Lemay ; ce qui le distingue, c'est une simplicité élégante et gracieuse, un style naturel, facile et délicat,
moins fait pour l'ode que pour la chanson, plus propre à l'idylle qu'au poëme héroïque. Son vers est
harmonieux et bien découpé ; sa phrase est claire, égale et sans clinquant.

Ecoutez ces couplets qui me font souvenir des accents bretons de Brizeux :

(1) *Les Laurentiennes.*

LA VIEILLE CHANSON.

A l'ombre du bois solitaire
Le soir avait surpris mes pas ;
Le rossignol allait se taire....
Rêveur, ému, je ne l'entendais pas :
J'écoutais un chant dans la plaine,
Un virelai du temps passé.
Sa voix s'élevait douce et pleine,
Au gré du refrain cadencé.

Quand je passe par les prairies,
Le soir au temps de la moisson,
Je mêle dans mes rêveries
La jeune fille et sa vieille chanson.

C'était un récit légendaire,
 Mais d'un rhythme plus animé ;
Les notes passaient la rivière
Et s'épuraient dans le ciel embaumé.
Il nous racontait la souffrance
D'un noble et vaillant chevalier
Regrettant son pays de France,
Dans sa plainte de prisonnier.

Quand je passe par les prairies,
Le soir au temps de la moisson,
Je mêle dans mes rêveries
La jeune fille et sa vieille chanson.
. . . .

Poésie antique et naïve,
Reflet des jours de nos aïeux,
Ne vous enfuyez pas craintive
Devant notre art si fade et si pompeux !
Restez ! Si la mode s'amuse
Aux froides douceurs d'aujourd'hui,
Vous avez seule, aimable muse,
Le secret d'en chasser l'ennui.

Quand je passe par les prairies,
Le soir au temps de la moisson,
Je mêle dans mes rêveries
La jeune fille et sa vieille chanson.

Vous avez bercé notre enfance,
Consolé nos premiers chagrins,
Egayé notre adolescence :
Quels souvenirs valent ces vieux refrains?
Restez ! Il est à la veillée
Mille voix pour vous répéter !
Le poëte sous la feuillée
Aime tant à vous écouter !

Quand je passe par les prairies,
Le soir au temps de la moisson,
Je mêle dans mes rêveries
La jeune fille et sa vieille chanson.

Parfois ce style naïf s'élève et devient pompeux ;
c'est ainsi qu'en parlant des *fils du St-Laurent* que le
yankéisme a séduits, le poëte laisse échapper ces no-
bles accents :

" De la postérité la justice implacable
Jugera sans merci les enfants égarés,
Et, posant froidement sa marque ineffaçable,
Ecrira sur leur tombe : " Ils sont dégénérés ! "
La voix de la raison, la sainte voix des prêtres,
Pour sauver leur honneur s'élèvent vainement :
Malheur aux imprudents qui se donnent des maîtres !
Notre cœur méconnaît ces fils du St-Laurent.

Mais que dire? O douleur, des hommes sacriléges,
Dans leur trafic infâme à demi protégés,
Qui tendent parmi nous de misérables piéges ?
Anathème, anathème à ces bourreaux gagés !
Le sang qu'ils ont vendu c'est le sang de leurs frères !
Les verrons-nous toujours d'un œil indifférent
Porter la flétrissure en hideux caractères
Et souiller de leurs pas les bords du St-Laurent !

O vous que le destin ramène sur vos plages,
Rendez grâces à Dieu qui vous les fait revoir,
Et d'exemple instruisez le peuple des villages
Pour maintenir ses pas au chemin du devoir !

Dites-lui qu'il s'attache au sol de la Patrie,
Que là sont ses exploits ! qu'il sera fort et grand
S'il conserve pour lui ses bras, son industrie,
S'il garde ses vertus au bord du St-Laurent.

Ailleurs, le poëte s'attendrit, et la stance revêt une teinte mélancolique et rêveuse. L'idylle fait place à l'élégie et le ton devient plaintif et tendre :

Au fond d'un val sous les ombrages,
Un voyageur s'en va marchant,
Une voix perce les feuillages :
C'est un air du pays ! un doux et triste chant !
....

Cette *Chanson de l'Exilé* est une poésie touchante, mais elle n'égale pas ce récit douloureux qui a pour titre : le *Tombeau du Marin*. Ce n'est pas seulement une plainte éloquente ; c'est un acte de foi, d'espérance et d'amour ! J'ai déjà multiplié les citations ; mais je ne puis me dispenser de citer encore quelques-unes de ces stances où le poëte, agenouillé sur le tombeau de son père, se ressouvient de ces jours de douleurs qui l'ont rendu fort et courageux :

..................Plongé dans sa tristesse,
Le passé revenait poignant et douloureux,
Tandis que son regard, tout rempli de tendresse,
S'abaissait vers la terre en descendant des cieux.

Il se souvint qu'un soir au milieu de Décembre,
Sa mère, entrant soudain, voila ses traits défaits
Et dit à ses enfants qui jouaient dans la chambre,
Que leur père parti ne reviendrait jamais.

Dans la triste maison où tomba la nouvelle,
La foudre aurait produit moins de saisissement :
L'infortune prenait dans sa serre cruelle
Trois êtres sans appui dans leur isolement.

Il se souvint de plus qu'en proie à la misère
L'avenir se fermait devant lui sans retour,
Mais que devenant fort tout à coup pour sa mère,
Il lui donna depuis son travail, son amour.

Le monde lui jeta sa triste indifférence
Qui permet aux heureux d'oublier le malheur.
Faible et seul, il avait pour tout bien l'espérance.
Son courage grandit au sein de la douleur.

Abandonné vingt ans de l'aveugle fortune,
Il vécut résigné, lutta sans nul repos.
Dédaignant d'élever une plainte importune
Ou d'accuser le sort par un amer propos....

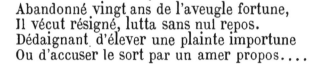

Il est un doux secret qui sèche bien des larmes;
C'est prier, travailler, se soumettre et bénir.

C'est le secret de M. Sulte, et nous pourrions ajouter qu'il lui doit ce qu'il est devenu. Quel malheur, que M. L.-H. Fréchette n'ait pas connu ce secret-là !

Il y a dans les *Laurentiennes* bien d'autres jolies pages que nous aimerions à mentionner ; mais il faut savoir se borner. Au reste, le lecteur en jugera lui-même, et saura admirer comme nous les échos harmonieux de cette poésie pastorale qui est le genre propre de M. Sulte. Il voudra chanter ces ballades gracieuses et ces douces élégies qui remplissent le volume.

M. Joseph Tassé a dit que M. Sulte semble peu porté à l'élégie. C'est vrai, si l'élégie est nécessairement l'expression de la douleur ; mais il me semble que le genre élégiaque n'exclut pas l'expression des joies

douces et sereines, et des vagues rêveries de.l'âme, et
M. Sulte-excelle à versifier ces divers sentiments.

Ce qui manque.à M. Sulte—car, après avoir énumé-
ré ses qualités, il est utile d'indiquer ses défauts—
c'est l'enthousiasme. L'enthousiasme est souvent un
danger, en ce qu'il peut égarer la raison.; mais l'alliance bien conditionnée de l'un et de l'autre crée la
véritable poésie lyrique.

Aussi, à part quelques pièces bien réussies, les *Laurentiennes* n'appartiennent pas au genre lyrique. Ce
sont plutôt des poésies fugitives, appartenant quelques-unes au genre didactique, la plupart au genre pas-
toral et élégiaque.

Je pourrais dire que toutes sont agréables à lire ;
mais un petit nombre produisent une émotion soutenue. Il me semble donc désirable que M. Sulte
agrandisse son horizon poétique, livre davantage au
souffle lyrique les voiles de sa belle imagination, et
donne à ses inspirations l'ampleur qui leur manque.

Je me plais à parcourir ces pages pleines de sérénité
où le poëte s'amuse à décrire ici les moissons jaunis-
santes, et là les bords fleuris d'une eau paisible ; mais
je serais bien charmé de le voir gravir les hauteurs
de la pensée, et puiser dans un lyrisme plus soutenu
des images plus grandes et des peintures plus saisis-
santes. Il éviterait ainsi ces vers faibles et cette tour-
nure prosaïque que nous avons remarqués en quelques endroits. En un mot, j'admire la grâce de son
style, mais je voudrais la voir plus souvent alliée à la
véhémence et à la grandeur.

Quoi qu'il en soit, les *Laurentiennes* sont un joli et
bon livre, où l'auteur se montre à la fois bon citoyen
et bon chrétien, et ce double caractère en assure le
succès.   C'est un éloge de la patrie et un hommage à
la religion.   Cette double physionomie devra lui mériter un accueil bienveillant, et ses lecteurs deviendront ses amis.

XXVI

M. JOSEPH MARMETTE.

———

François de Bienville.

Le roman est très à la mode, et il y a un grand nombre de personnes qui ne lisent pas autre chose. Que dis-je ? Elles y font leur éducation. Ce n'est pas l'éducation que j'admire, et m'est avis que des études philosophiques et religieuses valent mieux. Mais je constate le fait qu'il faut bien accepter, et puisque le roman est le genre de composition que le lecteur préfère, il faut s'efforcer de le faire servir au bien.

Le roman a d'ailleurs ceci d'avantageux, qu'il n'est strictement soumis à aucune forme, à aucunes règles particulières, et qu'on peut lui faire dire à peu près tout ce que l'on veut. Il prend tous les tons, il se plie à tous les styles, celui de l'épopée comme celui du drame, celui de l'épître comme celui de l'élégie, celui de la pastorale comme celui de la satire, celui du conte comme celui de l'histoire. Il décrit, il raconte, il chante, il pleure, il prie, il enseigne. C'est son enseignement qu'il faut particulièrement surveiller, et qui sous des dehors honnêtes contient trop souvent des principes malsains, des doctrines pernicieuses et impies.

Hélas ! on sait les ravages que cette semence de mort a causés en France dans les intelligences et dans les âmes. On sait le mal irréparable qu'ont produit les coryphées du roman qui se nomment Balzac, Sue, Dumas, Sand et Soulié.

C'est ce genre diabolique qu'il ne faut pas laisser introduire dans notre littérature ; et c'est le but des romans honnêtes de détourner le lecteur de ces œuvres malsaines.

Le bon roman peut être *philosophique et religieux*, et je déclare sincèrement que c'est la forme que je préfère. Mais il peut aussi être *historique*, et servir très-utilement les intérêts de la Religion et de la Patrie.

Pourvu qu'il ne défigure pas l'histoire, et qu'à l'exemple des romans d'Alexandre Dumas, il ne la transforme pas en argument contre le Christianisme, il peut devenir pour la jeunesse une source de connaissances et un enseignement des plus utiles. La mission du *roman historique* est particulièrement de montrer le rôle de la Providence dans l'Histoire, de mieux graver dans la mémoire les événements humains, et d'enseigner aux peuples le chemin de là grandeur et de la vertu.

Ces principes posés, il nous semble facile d'apprécier le roman que nous avons sous les yeux.

François de Bienville est un *roman historique*, et c'est un roman honnête. Ses enseignements auraient pu être plus explicites et plus complets. Mais il faut lui reconnaître ce double mérite : qu'il ne travestit pas l'Histoire, et qu'il ne relègue pas dans l'ombre l'action Providentielle. Telle est la portée morale du livre, et nous devons en féliciter l'auteur.

Le mérite littéraire de l'œuvre n'est guère plus contestable, et si elle n'est pas sans tache, elle se distingue néanmoins par les plus brillantes qualités. M. Marmette laisse entendre dans son *Introduction* qu'il a lu beaucoup de romans dans sa jeunesse. C'est peut-être un des défauts de son livre de le laisser trop voir ; mais d'un autre côté, il est certain qu'il doit à cette lecture d'avoir si bien acquis toutes les qualités du genre.

Son plan est bien fait, l'intrigue bien conduite, l'intérêt habilement ménagé, et le dénoûment se précipite d'une manière inattendue et saisissante.

Une analyse de ce récit ne vous déplaira pas, lecteurs.

Nous sommes en plein dix-septième siècle, à une des époques les plus glorieuses de notre histoire. L'Angleterre, qui convoite depuis longtemps la colonie française, a résolu de frapper un grand coup, et Sir William Phips remonte le Saint-Laurent avec une

flotte considérable. Le récit commence au moment
où ses vaisseaux viennent de mouiller au pied·même
de l'Ile d'Orléans.

Le célèbre comte de Frontenac, alors Gouverneur
de la Nouvelle-France, arrive de Montréal avec le
Major Provost et François LeMoyne de Bienville, et
pendant qu'ils soupent joyeusement au Château St-
Louis, l'auteur nous fait des portraits en pied de son
héros, François de Bienville, et du Gouverneur.

Le style en est vif, animé et revêt un costume mar-
tial et dégagé. Québec se transforme en camp militaire et le vieux Château du Fort tressaille aux bruits
de guerre qui circulent.

Le portrait des personnes est suivi d'une description des lieux, et le vieux Québec de 1690 renaît de
ses cendres. Il y a ici une étude archéologique des
plus intéressantes, et qui a le rare mérite d'être vraie.

Après le souper, François de Bienville prend
congé du Gouverneur, et se dirige vers la rue Buade.
Il y avait alors au commencement de cette rue une
modeste maison en pierre située à l'endroit où se
trouve aujourd'hui la librairie de MM. Brousseau.
François de Bienville y entra. Là vivaient son plus
intime ami, le Lieutenant Louis d'Orsy, et sa fiancée,
Marie-Louise d'Orsy, seuls enfants survivants de feu le
Baron Raoul d'Orsy.

Le Baron et ses deux enfants avaient quitté la
France, plusieurs années auparavant, pour se rendre
en Canada. Mais ils avaient été capturés par un corsaire de Boston, et longtemps retenus prisonniers
dans cette ville. Le Baron y était mort de douleur et

des suites de ses blessures reçues dans le combat contre le corsaire, et les deux orphelins, après bien des jours de deuil et de souffrance, avaient enfin payé leur rançon, grâce à une succession qui leur était échue d'outre-mer, et ils s'étaient rendus à Québec. Mais avant de quittter Boston, Marie-Louise avait eu le malheur de plaire à un officier Anglais, nommé John Harthing, qui avait demandé sa main, et la noble enfant avait répondu : " Jamais ! La fille des Barons d'Orsy ne peut pas être la femme d'un homme dont les compatriotes ont tué mon père ! "

Cette réponse, que les brillants officiers britanniques ne craignent plus d'entendre des lèvres canadiennes, avait humilié profondément John Harthing, et il était sorti irrité, en jurant qu'il se vengerait.

L'heure de cette vengeance avait sonné.

John Harthing était à bord du vaisseau amiral de Sir William Phips, et il s'était attaché un sauvage nommé Dent-de-Loup, bien décidé à servir sa haine.

Dent-de-Loup avait autrefois été fait prisonnier à Québec, et il n'était sorti de prison qu'avec l'aide d'un aubergiste, portant le nom significatif de Jean Boisdon. Cet ivrogne était avare, et il thésaurisait. Dent-de-Loup avait su découvrir cet amour de l'or chez l'aubergiste, et en échange des pépites d'or qui lui servaient de pendants-d'oreilles, il en avait obtenu une lime et un couteau pour opérer son évasion.

Dent-de-Loup avait conservé rancune aux Français de sa détention, et il soupirait comme Harthing après une vengeance commune. Jean Boisdon était le

complice sur lequel ils comptaient tous deux, et dont
ls savaient pouvoir acheter la trahison.

Aussi, quand la nuit vint, une pirogue se détacha
du vaisseau amiral, et se dirigea vers la ville à la
faveur des ténèbres.   C'était Dent-de-Loup envoyé par
Harthing en reconnaissance des lieux.

Pendant ce temps-là, François de Bienville causait
agréablement avec Louis d'Orsy et sa sœur.   La
soirée avançait rapidement, et les deux fiancés se lais-
saient aller aux plus doux épanchements, lorsque
Louise poussa tout à coup un cri perçant.   Elle venait d'apercevoir collée à la fenêtre une figure hideuse
qui la regardait avec des yeux ardents.   François et
Louis s'élancent dans la rue et voient une ombre qui
s'enfuit dans la direction de l'évêché.   En vain ils se
mettent à sa poursuite : elle leur échappe et disparaît
soudainement près d'une porte cochère.

Quelle était cette ombre ? Le lecteur a deviné que
c'était Dent-de-Loup qui avait déjà découvert la demeure de ses victimes.   Il s'était même assuré une
intelligence dans la place, et, moyennant quelques
pièces d'or adroitement glissées dans la main de Jean
Boisdon, il s'en était fait un instrument et un complice.

A dater de cette terreur que Louise avait éprouvée,
elle est tourmentée des plus sombres pressentiments.
Une voix secrète l'avertit que ses jours de bonheur et
d'amour s'achèvent.

Le lendemain la flotte anglaise était en vue de Québec.   Un parlementaire, qui n'est autre que Harthing,
est envoyé au Gouverneur de la part de Phips.   Il

entre dans la ville les yeux bandés, conduit par de
Bienville et d'Orsy. Pour lui faire croire que la gar-
nison est nombreuse et bien préparée à recevoir les
Anglais, on fait partout sur son passage un bruit assourdissant ; partout il entend circuler des bataillons,
trainer des pièces d'artillerie, galopper des cavaliers, et
quand on lui enlève son bandeau, il se trouve dans
une des salles du Château St-Louis, en face du Comte
de Frontenac, entouré d'un état-major nombreux et
brillant.

Harthing remplit alors sa mission, en remettant au
Gouverneur un écrit de l'amiral Phips, qui n'était
rien autre chose qu'une sommation impérieuse de se
rendre.

Cette sommation reçoit du Comte de Frontenac la
réponse qu'elle méritait, et Harthing est reconduit au
rivage les yeux bandés, au milieu des murmures de
la population.

De sa fenêtre, Marie-Louise reconnaît, aux côtés de
son amant, cet Harthing qui lui a juré haine et vengeance, et ses pressentiments sinistres s'accroissent.

Cependant le bombardement commence, et M. de
Maricourt, frère de François de Bienville, qui dirige
une batterie à la Basse-Ville, fait le pari qu'il abattra
le pavillon de l'amiral. En effet, un boulet adroitement lancé va fracasser le mât, et le pavillon tombant
à l'eau est emporté par le courant. D'Orsy, Bienville et Clermont de leur côté avaient parié qu'ils
iraient le chercher à la nage, et quand le pavillon est
en vue, tous trois s'élancent dans l'eau. Ce beau fait-

d'armes est raconté par M. Marmette dans nn style
vif et animé, et tout ce récit est charmant.

Les événements se précipitent, et pendant que tout
annonce un échec aux troupes anglaises, le nuage
grossit sur la tête de Marie-Louise et de son fiancé.
Un soir, pendant qu'ils s'abandonnent à leurs causeries sentimentales, une lettre de Harthing à Marie-
Louise est remise à la servante par un inconnu.
L'officier anglais lui annonçait qu'il voulait la revoir
à tout prix, et qu'il viendrait la chercher le jour ou la
nuit, au péril de mille morts.

Le lendemain la ville est bombardée, et après un
combat sanglant à la Canardière, où M. de Clermont
trouve la mort, les Anglais sont repoussés. Cette
lutte est très-bien racontée par Bras-de-Fer, espèce de
géant canadien, dont le langage est naturel et pitto-
resque.

La nuit suivante, le bombarde ent,quelque temps
interrompu, recommence, et les scènes qui se dérou
lent alors sous les yeux du lecteur sont des plus sai-
sissantes et des mieux rendues.

Grâce à la complicité de Jean Boisdon, Harthing et
Dent-de-Loup se sont introduits dans la ville pour enlever Marie-Louise d'Orsy.

La jeune fille est seule avec sa vieille servante,
nommée Marthe. Inquiète, énervée par les graves
événements des jours précédents, elle sent un ma-
laise étrange la gagner peu à peu.

" Elle tressaille au moindre bruit : une vitre que le
vent fait battre sur les châssis, un grillon qui chante
en remuant les cendres du foyer, une poutre de la

charpente craquant sous le poids des murs de la maison, un vieux meuble qui semble s'étirer et se plaindre d'un trop long service, font passer par tout son corps de fiévreux frissons.

''La jeune fille n'ose faire un mouvement, et retient son haleine dont le seul bruit l'effraie.

''Soudain ses yeux, qui se sont arrêtés machinalement sur la fenêtre de la cuisine, s'y fixent avec terreur. Il lui semble que cette fenêtre est agitée par secousse comme si on la forçait du dehors.

Tout-à-coup deux hommes bondissent à l'intérieur, et referment derrière eux la croisée qu'ils ont ouverte avec fracas.

C'est Harthing, c'est Dent-de-Loup dont la figure bizarrement tatouée lui est une fois apparue hideuse comme celle d'un génie malfaisant et avant-coureur de l'infortune. ''

Harthing renouvelle ses protestations d'amour, et supplie Marie-Louise de vouloir être sa femme.

—Plutôt mourir ! répond la jeune fille indignée.

Harthing fait un pas pour la saisir. Mais au même instant la fenêtre s'ouvre avec violence, et quelqu'un tombe comme un boulet au milieu de la chambre en criant :

—Damnation !

C'est Bienville, l'épée au poing, l'œil ardent, et se précipitant sur Harthing. Mais Dent-de-Loup le saisit par derrière, et le terrasse traîtreusement ; puis, avec l'aide de l'Anglais, il le garrotte et le bâillonne avant même qu'il ait eu le temps de porter un seul coup de pointe à ses ennemis.

Là vieille Marthe accourt, et tombe évanouie de rayeur. Dent-de-Loup s'est armé de son couteau à scalper.

Scène horrible !

" Ici Bienville se roulant à terre dans une rage folle, les artères du cou gonflés, les muscles tendus et les yeux rouges de sang ; là Harthing, les traits contractés par toutes ses passions mauvaises, et dévorant de son regard de feu Marie-Louise qui vient de perdre connaissance. Plus loin Dent-de-Loup qui, après avoir fait décrire à la pointe de son couteau un cercle rapide sur la tête de Marthe, retient entre ses dents la lame ensanglantée dont il vient de se servir ; et, posant son pied droit sur le dos de la pauvre femme, la saisit par la chevelure qu'il arrache violemment par une brusque secousse, en laissant nu l'os du crâne. "

Pour éclairer cet affreux tableau, une chandelle fumeuse jette sa sinistre lumière dont la lueur blafarde rougit la muraille comme d'une teinte de sang.

Harthing prend dans ses bras Marie-Louise évanouie, et se dirige vers la porte. Dent-de-Loup place dans la chambre un baril de poudre avec une mèche allumée, et il court rejoindre Harthing qui déjà rampe avec sa proie dans l'ombre...

Bienville fait des efforts impuissants pour rompre ses liens...

Une sueur froide enveloppe son corps comme du linceul de l'agonie...

C'en est fait, il lui faut mourir ! Car il voit dans l'ombre la lueur tremblotante de la fusée dont chaque étincelle ronge, en pétillant, le faible lien qui le tient suspendu sur son éternité......

Boisdon est accroupi, mourant de peur, près de la clôture de l'évêché, tandis que quelques boulets viennent s'enfouir non loin de l'endroit où il se trouve. Harthing et Dent-de-Loup viennent s'y blottir avec leur précieux fardeau, pour laisser passer quinze hommes armés qui montent de la Basse-Ville, avec d'Orsy à leur tête. Tout à coup un boulet frappe la muraille sur laquelle ils s'appuient, et les couvre de fragments de pierre dont plusieurs blessent Jean Boisdon.

L'hôtelier hurle de douleur, bondit sur ses jambes, et s'élance dans la rue Buade avec la frénésie aveugle de la terreur. Il ne voit, il n'entend rien ; mais il court avec l'emportement furieux d'un cheval qui a pris le mors aux dents.

L'un des soldats fait feu sur lui, et la balle du mousquet lui casse la jambe. Emporté par son élan, il tombe dans la porte entr'ouverte du Lieutenant d'Orsy. Sa tête frappe le baril de poudre dont la fusée brûle toujours.

—Ah ! mon Dieu !......ce baril de poudre !...s'écrie-t-il ; et de ses mains désespérées, il presse, étreint, arrache la mèche fumante qu'il rejette au dehors.

De Bienville est sauvé !

Mais les cris de Jean Boisdon et le coup de feu ont tiré Marie-Louise de son évanouissement, et elle s'est échappée des mains de son ravisseur. Avec la force et la rapidité que donne le désespoir, elle bondit et s'élance vers Louis d'Orsy en jetant des cris perçants.

Harthing veut l'arrêter et l'insensé se lance à sa poursuite.

Les soldats entourent l'anglais qui tire alors un pistolet de sa ceinture, casse la têtc du premier homme qui veut lui barrer le passage, en renverse un second d'un coup de poignard et redescend à la course vers la clôture de l'évêché qu'il franchit d'un bond.

—Sus à lui ! disent les voix de plusieurs poursuivants qui le serrent de près. Harthing traverse en dix pas la cour de l'évêché ; et, troublé, haletant, oubliant l'endroit par où le sauvage l'a fait entrer dans la ville, il saute par dessus une autre muraille et tombe dans le jardin du Séminaire. Il voit alors qu'il a fait fausse route et court dans la direction de la grande croix de bois qui dominait alors en cet endroit la cime du cap.

Le premier de ceux qui le suivent n'est plus qu'à quelques pas de lui, lorsqu'il est arrêté par la palissade plantée sur le bord du roc. Un bond désespéré le porte sur le haut des pieux de la fortification.

Mais en retombant de l'autre côté, il se rencontre face à face avec un homme qui a franchi la palissade en même temps que lui.

C'est Bras-de-fer.

—Place ! lui dit Harthing enarmant son second pistolet. Pierre a vu ce mouvement et se jette de côté au moment où le coup part. La balle effleure l'oreille du canadien qui se précipite sur son ennemi. Celui-ci s'efforce de poignarder Bras-de-Fer.

Malheureusement pour ce dernier, l'étroit espace

où a lieu la lutte étant inégal, il perd pied sur un acci-
dent de terrain et tombe à la renverse.

—Meurs donc, chien ! crie l'anglais qui porte un
coup terrible à son adversaire.

Mais la rage aveugle de Harthing tourne au profit
du canadien ; car le poignard mal dirigé ne fait que
glisser sur ses côtes et labourer la chair qui les re-
couvre.

—Oh ! satané gredin ! s'écrie Bras-de-Fer, en renver-
sant son ennemi sous lui, puis il le saisit d'une main
par la nuque du cou, tandis que de l'autre, il retient
le bras droit de l'anglais qui ne peut alors se servir
de son arme. Et le canadien se relève en tenant toujours Harthing au bout de ses bras puissants.

Celui-ci tente un dernier effort ; il s'accroche les
pieds à un tronc d'arbre et imprime une si violente
secousse à son corps, que le canadien se sent glisser
avec lui sur la pente rapide du cap.

Mais dans sa chute, Pierre rencontre le tronc d'arbre qui vient de servir à l'anglais et s'y retient d'une
main ; ce qui le contraint pourtant de lâcher le bras
armé du lieutenant qui se tord à cent pieds au-dessus
de l'abime, écume et blasphème comme un démon.

Le feu d'un obus qui éclate au proche fait luire le
poignard qui menace encore la poitrine de Bras-de-
Fer, lorsque le géant, qui retient toujours Harthing
par le cou, soulève son ennemi au-dessus de sa tête et
le rejette en avant dans le gouffre béant à ses pieds.

L'anglais tombe, rebondit et roule sur le flanc
escarpé du roc.

Cette lutte avait été pourtant si courte, que les

compagnons de Pierre qui franchirent les premiers le
rampart de palissades, n'arrivèrent sur les lieux
qu'au moment où Harthing tomba.

Un déchirant cri d'angoisse monta du fond des ténèbres qui baignaient la rue Sault-au-Matelot ; on
entendit le bruit produit par la chute d'un corps sur
des branches sèches, et ce fut tout.

Dent-de-Loup, plus prudent que l'anglais, s'était
tenu coi tout d'abord en sa cachette ; mais quand il
eut vu les soldats disparaître à la poursuite de son
compagnon, il se glissa doucement le long de la clôture en descendant vers la Basse-Ville. Arrivé près
de la porte cochère du palais de l'évêque, il escalada
la palissade, et voyant que tous les canadiens avaient
sauté dans le jardin du Séminaire, il se coula sans
être aperçu vers l'endroit du cap qui lui était fami-
lier. Il se laissa glisser sur le flanc du roc et prit
pied sans encombre dans la rue Sault-au-Matelot.

Ici l'attend un sérieux obstacle ; car les trente hommes chargés de défendre la barricade ayant été réveil-
lés par le tintamarre des canons anglais et par les ru-
meurs et détonations d'armes à feu qui leur venaient
des remparts, au-dessus de leur tête, étaient sortis en
toute hâte de leur corps de garde improvisé.

Ils viennent d'allumer des torches et examinent
avec attention les bords escarpés du cap éclairé sur ce
seul point par la lumière rougeâtre des flambeaux.

Dent-de-Loup n'a qu'un seul parti à prendre, celui
de sauter par-dessus la barricade, haute de six pieds,
et de passer par surprise au beau milieu de ses ennemis. Il n'hésite pas, et prenant sa course, il arrive

auprès du retranchement sans être entendu, grâce aux
mocassins qui étouffent le bruit de ses pas. Lancé
fortement par ses jarrets nerveux, il franchit l'obstacle,
passe comme un éclair devant les yeux des soldats
ébahis, et retombe sain et sauf de l'autre côté, en
continuant de dévorer l'espace qui le sépare encore de
son canot.

Celui-ci n'est plus à sa place. Un cri rauque s'é-
chappe du gosier de l'iroquois qui se jette alors tête
baissée dans la rivière.

A peine a-t-il nagé quelques brasses, qu'il voit à dix
pas devant lui, une pirogue balancée par le flot dans
l'ombre, tandis que la silhouette d'un homme qui la
monte se dissine vaguement sur la surface de l'eau.

Craignant une surprise, le sauvage va plonger pour
éviter un ennemi, lorsqu'une voix bien connue l'appelle par son nom....

Il est sauvé : John Harthing est l'homme du canot.
Il avait roulé, roulé jusqu'au bas du cap, et il en était
quitte pour plusieurs contusions.

Mais voilà que des coups de feu partent du rivage à
leur adresse, une balle a percé l'écorce de la pirogue,
qui fait de l'eau, et qui bientôt disparaît sous la vague.

Harthing et Dent-de-Loup gagnent à la nage une
petite île de sable que le reflux laisse à découvert,
mais la marée qui monte les oblige bientôt à se remettre à la nage. Harthing s'évanouit après avoir parcouru
une certaine distance, et le sauvage le soutient et le
traîne jusqu'à la rive opposée. "

Toute cette narration est copiée textuellement.
Car tous les événements de cette nuit que M. Mar-

mette a eu raison d'appeler *terrible*, sont tellement liés ensemble et si bien agencés, que l'analyse est presque impossible. Il faut citer, et citer des passages en entier. C'est d'ailleurs la partie la plus saisissante et la plus dramatique du livre.

La suite du drame se ralentit un peu, sans cesser d'être pleine d'intérêt.

En rentrant chez lui avec sa sœur, Louis d'Orsy délivre Bienville qui y était resté bâillonné et garrotté. Jean Boisdon est accusé de trahison et emprisonné. Disons de suite, pour en finir avec ce triste personnage, qu'il fut plus tard condamné à huit jours de pilori et à 3,000 livres d'amende.

Le siège de Québec continue et un combat se prépare sur la rive nord de la rivière St-Charles.

Harthing est furieux de n'avoir pu se venger, et sa haine s'est encore accrue. Dent-de-Loup ourdit des projets diaboliques, et nous le retrouvons, fabriquant des balles empoisonnées dans les bois qui environnaient les chutes de Montmorency.

Walley est campé avec deux mille Anglais à la Canardière. Les trois frères Lemoyne, de Longueuil, de Sainte-Hélène et de Bienville sont envoyés avec deux cents Canadiens pour les tenir en échec, et la bataille s'engage.

MM. de Longueuil et de Sainte-Hélène sont blessés. Harthing est tué par Bienville. Louis d'Orsy est frappé d'une balle empoisonnée par Dent-de-Loup, qui est terrassé par Bras-de-fer d'un coup de crosse de fusil. Le feu continue jusqu'au soir, et les Anglais battent en retraite vers leur camp.

Louis d'Orsy, qui n'est que blessé, est porté chez lui ; mais le poison communiqué à ses chairs par la balle de Dent-de-Loup, rend bientôt son état désespéré. Le chirurgien déclare son art impuissant, et l'empoisonnement fait des progrès rapides.

La douleur de Louise est immense, et pendant que Bienville et le chirurgien s'empressent au chevet du malade, elle va s'agenouiller aux pieds du crucifix. Pour sauver la vie de son frère, elle fait le sacrifice de son bonheur, elle immole son amour, et fait le vœu d'entrer en religion à l'Hôtel-Dieu pour y passer ses jours au chevet des malades !

Quand elle se releva, Bras-de-Fer entrait portant sous son bras un paquet d'herbes et de plantes desséchées, et deux heures après, Louis d'Orsy était sauvé. Bras-de-Fer avait appliqué sur la blessure une compresse fortement imbibée de l'infusion des plantes.

Après quelques escarmouches qui achevèrent de ruiner les espérances de l'amiral Phips, la flotte anglaise leva l'ancre, et Québec fut délivré de ses ennemis. L'heure providentielle de notre soumission à l'Angleterre n'avait pas encore sonné.

Tout le peuple est dans la jubilation, et François de Bienville, en grande tenue, se rend chez d'Orsy. Il rappelle à Marie-Louise son amour et leurs engagements, et la jeune fille éclate en sanglots. Interrogée par de Bienville, elle lui révèle le vœu qu'elle a fait, et le malheureux jeune homme sort de la chambre en chancelant comme un homme ivre. Le lendemain Marie-Louise entrait à l'Hôtel-Dieu.

Après cet écroulement de son amour et de ses espérances, François de Bienville veut oublier son malheur dans la gloire militaire et l'émotion des batailles. Il retourne à Montréal, et Bras-de-Fer l'ac-
compagne.

L'hiver fut long et triste. Mais le printemps à
peine arrivé, M. de Vaudreuil et Bienville organisent
une expédition contre un parti de mille Iroquois qui
infestent les environs de Montréal.

Ils se dirigent sur Repentigny, où une bande d'Iroquois s'était retranchée dans une maison. Bienville
et Bras-de-Fer sont bien étonnés de retrouver Dent-de-
Loup à la tête de cette bande, Dent-de-Loup qu'ils
avaient cru mort, et qui n'avait été que blessé dans le
combat de la Canardière.

A Repentigny, François de Bienville reçoit une
lettre de Québec. C'était son ami Louis d'Orsy qui
lui annonçait une grande et bonne nouvelle : Monsei-
gneur de Saint-Valier s'opposait à l'entrée en religion
de Marie-Louise d'Orsy, parce qu'elle s'était fiancée à
de Bienville. Ce dernier était donc mandé à Québec
par Louis d'Orsy, qui lui donnait d'avance le nom de
frère.

Mais l'heure d'attaquer l'ennemi était venue. Les
Canadiens cernent la maison, et quinze Iroquois qui
dormaient à la porte se réveillent dans l'autre monde.
Une lutte terrible s'engage avec les autres, et après de
vains efforts pour se frayer un passage, les Iroquois se
renferment dans la maison.

M. de Vaudreuil commande l'assaut, et de Bienville
s'élance le premier vers la porte. Mais Dent-de-loup,

qui est caché dans la cave, et que Bienville n'a pas
aperçu, décharge sur lui son mousquet en poussant un
ricanement féroce. De Bienville tombe dans les bras
de son fidèle serviteur Bras-de-fer qui va le déposer
au pied d'un gros arbre.

Le feu est mis à la maison, et tous les Iroquois y
brûlent jusqu'au dernier en chantant leur chanson de
mort.

Pendant ce temps-là de Bienville agonise lentement,
et après avoir recommandé son âme à Dieu, et pronon-
cé le nom de Marie-Louise, il rend le dernier soupir.
Second Bayard, sans peur et sans reproche, blessé
mortellement comme lui au service de la patrie, ap-
puyé comme lui sur un arbre, et donnant sa dernière
pensée à sa dame et à son Dieu !

Ainsi finit ce roman que nous avons appelé *honnête*,
et nous croyons que le lecteur le trouvera comme nous
digne d'éloge. Il nous semble conforme aux principes
que nous avons posés en commençant : il ne défigure
pas l'histoire, et il en montre le côté providentiel.

Il y a un chapitre que nous avons cité en grande
partie et qui est intitulé : " *Boisdon s'agite et Dieu le
mène.* "

Ce titre est parfaitement trouvé et absolument vrai.
On se rappelle cette nuit terrible où Bienville est garrotté et bâillonné, Marie-Louise enlevée, et l'explosion
d'un baril de poudre imminente. On se souvient que
c'est grâce à Boisdon, si le baril de poudre a été ainsi
placé. Or Dieu le mène si bien ce pauvre Boisdon,
qu'il le force à sauter lui-même les victimes qu'il a
voulu perdre. Un boulet va le déloger de sa cachette,

une balle va le faire tomber précisément près du baril de poudre dont il est bien heureux de pouvoir éteindre la mèche.

Bien des romanciers auraient appelé ce fait un beau coup du hasard ; M. Marmette y voit Dieu, et il le dit. Il croit qu'il y a dans les batailles des boulets et des balles que la Providence dirige, et il a raison. C'est cette action divine que le romancier historique ne doit pas oublier de montrer dans les événements qu'il raconte.

Un autre chapitre a pour titre : " *Le Dieu du Mal.*" C'est celui où Dent-de-Loup fait ses sortiléges et fabrique des balles empoisonnées. Ce n'est plus le rôle divin, mais l'action diabolique que M. Marmette a voulu montrer ici, et c'est ce dont je le félicite encore. Mais je regrette qu'il n'ait pas suffisamment affirmé et démontré l'influence et la puissance de Satan sur les choses de la nature, puisqu'il en avait l'occasion. C'est une vérité qu'on oublie trop, que la puissance physique, matérielle de Satan. Il est théologiquement vrai qu'il peut faire tout ce que ce chapitre raconte : soulever une tempête et prendre la forme d'un hibou ou autre bête, pour répondre aux invocations qu'on lui fait, etc. En montrant les relations intimes de la magie et de la jonglerie avec le satanisme, M. Marmette eût ajouté à son livre une page très-poétique et très-catholique.

J'ai dit en commençant que si cette œuvre littéraire n'est pas sans tache, elle se distingue par de brillantes qualités. Je veux justifier cette appréciation en terminant.

M. Marmette est né romancier. Il manie très-bien la narration et le dialogue. Le dialogue donne de la vie au roman, et ranime l'intérêt qui languit. Il réussit généralement bien dans la description, quoiqu'il charge un peu trop ses couleurs.

M. Marmette est encore jeune, et il faut admettre qu'il y a de ci et de là dans son livre quelques *jeunesses de style* (qu'on me pardonne l'expression) que l'âge corrigera facilement.

Mais l'observation principale qu'il me permettra de lui faire, c'est qu'il abuse quelquefois du langage figuré. Les figures sont des ornements qui donnent au style le mouvement et la beauté. Mais il faut les employer avec mesure et discrétion. Elles doivent être la forme naturelle de la pensée et ne pas accuser un effort de l'écrivain. Un exemple fera mieux saisir mon idée.

Voici le portrait que M. Marmette fait de Jean Boisdon : '' Ce qui frappait quand on envisageait notre homme, c'était, d'abord, une grande tache de vin d'un violet enflammé qui s'étendait en zigzag, comme les ailes d'une chauve-souris, du bout de son nez crochu jusqu'à son oreille gauche ; ensuite, le combat dont son nez et son menton semblaient se menacer continuellement, tant ils avançaient l'un vers l'autre avec jactance ; tandis que sa bouche, paraissant craindre de les voir en venir aux prises, se retirait prudemment en arrière, dans l'enfoncement produit par la proéminence ambitieuse de ses deux voisins. Puis sur ses joues bouffies et enluminées, indice qu'il daignait souvent boire à......la soif éternelle de ses clients—les

malins disaient que c'était afin de donner à sa joue
droite le coloris dont la nature avait orné la gauche—
apparaissaient çà et là quelques poils rares et roussâ-
tres, qui semblaient regarder avec dédain le curieux
terrain sur lequel ils ne pouvaient se décider à croître ;
sous son front bas se cachaient de petits yeux gris
toujours en mouvement et à l'air maraudeur. "

Il y a là évidemment abus de la périphrase et de
l'hyperbole, pour un sujet qui ne mérite pas qu'on se
donne tant de mal à le peindre. Cela ne convient pas
plus que beaucoup de rubans et de fanfreluches sur une
tête de femme vulgaire et sans beauté.

Ces légers défauts, que M. Marmette saura éviter à
l'avenir, n'empêchent pas que son œuvre soit louable.
Les caractères de ses personnages sont en général bien
dessinés et se soutiennent. Boisdon et Bras-de-fer sont
des types populaires que tout le monde connaît ; et
Dent-de-Loup est une ombre qui embellit beaucoup le
tableau de la civilisation.

L'exemple de M. Marmette ne manquera pas d'être
suivi, et j'engage les jeunes écrivains qu'une aptitude
particulière pousse au roman, à choisir le genre historique. Notre histoire est un champ immense ouvert à
leur imagination, et en tenant compte des préceptes
que j'ai posés, ils pourront faire des œuvres utiles et
agréables.

FIN DE LA SECONDE PARTIE.

TROISIÈME PARTIE

UNE PAGE D'HISTOIRE

XXVII

LA SENTINELLE DU VATICAN. (*)

Fragment.

Rome, la nuit du 8 décembre 1869, jour de l'ouverture du Concile. Au fond une porte ouvrant sur une allée, et communiquant au Vatican. Au-dessus de la porte un grand crucifix d'ivoire. Dans l'allée, un zouave pontifical se promenant la carabine au bras.

LE ZOUAVE, *seul.*

Quelle soirée splendide ! C'est un vrai plaisir d'être de garde cette nuit. Il ne me manquerait plus que mon beau ciel du Canada pour être parfaitement heureux. Le ciel d'Italie est pourtant bien vanté et bien digne de sa réputation ; mais celui de la patrie est toujours le plus beau !

(*) Cette petite pièce a été représentée au collége de Sainte-Anne, le 8 décembre 1869, et subséquemment, dans plusieurs maisons d'éducation.

C'est à cette heure de la nuit, lorsque je suis de faction, que les souvenirs de la patrie repassent en foule dans mon esprit. C'est à cette heure que je me retrouve au milieu de mes amis et de mes parents, et que je me complais à me ressouvenir. Je les revois, je les entends, et quand ils m'ont serré dans leurs bras, que de choses j'ai à leur raconter! Car j'ai beaucoup vu depuis que je les ai laissés.

Comme les anciens croisés, j'ai parcouru le monde, et de pauvre enfant inconnu je suis devenu soldat du Saint-Père, sentinelle dévouée de la sainte Eglise Romaine! Combien j'ai grandi en dignité, et qu'il y a loin de l'étudiant des bords du Saint-Laurent au zouave pontifical faisant la garde sous les fenêtres du Vatican!

Mais j'entends du bruit....Qui vive!

UN INCONNU, *enveloppé dans un manteau.*

Un ami ; laissez passer.

LE ZOUAVE.

Le mot d'ordre, s'il vous plaît ?

L'INCONNU.

Mentana !

LE ZOUAVE.

A la bonne heure !

L'INCONNU.

Savez-vous de qui vous êtes soldat, mon jeune zouave ? Connaissez-vous et aimez-vous le Pape ?

LE ZOUAVE.

Je le connais, je l'aime et je le vénère.

L'INCONNU.

Alors, vous devez savoir pourquoi il a des soldats à
son service ?

LE ZOUAVE.

C'est parce qu'il y a des armées au service de l'enfer,
et qu'il est en guerre avec cette puissance.

L'INCONNU.

Ah ! ah ! Il paraît que vous êtes un fier clérical,
jeune homme qui croyez encore à l'enfer !

LE ZOUAVE.

Et vous ?

L'INCONNU.

Moi ? Je n'y crois pas du tout.

LE ZOUAVE.

C'est plus fort. Dans mon pays, bien des gens vivent comme s'ils n'y croyaient pas ; mais en réalité
tout le monde y croit.

L'INCONNU.

Allons donc ! je vous ai cru français ; de quel pays venez-vous donc ?

LE ZOUAVE.

Du Canada, monsieur.

L'INCONNU.

Du Canada ?....Ah ! j'y suis.....un petit pays situé sur les côtes d'Afrique ?

LE ZOUAVE.

Pas précisément. Mais vous, vous êtes Français ?

L'INCONNU.

Parisien, s'il vous plaît.

LE ZOUAVE.

En effet, ce n'est pas la même chose : un Français *doit* être catholique ; mais un parisien.... !

L'INCONNU.

Un parisien est révolutionnaire, garibaldien et déiste.

LE ZOUAVE.

Belles qualités ! Mais un parisien n'est pas fort en géographie : il ne sait pas où se trouve situé le Canada.

L'INCONNU.

Je l'avoue.

LE ZOUAVE.

Eh bien ! je vais vous apprendre ce petit détail géographique qui n'est pas sans relation avec l'histoire de votre patrie. Le Canada, monsieur, est un petit pays, presque aussi grand que l'Europe entière, qu'un Français....catholique (car alors tous les Français étaient catholiques) a découvert en Amérique, il y a un peu plus de trois siècles.

L'INCONNU.

Pourquoi faire ?

LE ZOUAVE.

Ah ! monsieur ; la France avait alors de singulières idées ! Il y avait dans ce pays, d'ailleurs très-beau, des peuples sauvages qui ne connaissaient pas Dieu. Imaginez-vous que la France se mit alors en tête d'y planter la croix et d'y faire connaître l'Evangile. Elle y envoya des missionnaires, des religieuses et des colons choisis parmi les plus catholiques et les plus vertueux.

L'INCONNU.

Vous m'étonnez !

LE ZOUAVE.

C'est pourtant vrai ; et cette colonie, comme toutes les œuvres divines, prospéra et grandit au milieu des

épreuves et des adversités.   Mais, un jour, la France
oublia cet enfant qu'elle avait jeté sur des rives lointaines.   Une femme qui s'appelait la Pompadour régnait alors sur elle en dépit de la loi salique, et comme
les toilettes de Madame épuisaient le trésor public, il
ne restait rien pour fournir un maillot à l'enfant !
Dans ce temps-là vivait aussi un homme qui s'appelait
Voltaire, dans lequel Satan s'était incarné, pour sin-
ger Dieu incarné dans Jésus !   Or, Voltaire était d'a-
vis que la France avait alors assez à faire de nourrir
ses enfants naturels sans s'embarrasser encore de cet
infime rejeton, très-légitime d'ailleurs, dont les vagis-
sements se perdaient sur l'immensité des mers ? L'enfant fut donc abandonné à la grâce de Dieu !

L'INCONNU.

Et il est mort de faim ?

LE ZOUAVE.

Pardon, monsieur : il a grandi, et il fournit aujourd'hui des soldats au Saint-Père ! La grâce de Dieu
n'est pas une marâtre, allez ! et celui qui s'y abandonne trouve toujours en elle la mère la plus dévouée
et la plus tendre ! Sous sa garde bénie le pauvre est
riche, le faible est fort ! Regardez dans ces murs,
monsieur ; il y a là un vieillard qui s'est aussi abandonné à la grâce de Dieu. Il est pauvre puisqu'on l'a
dépouillé de ses plus riches provinces ! Il est faible
puisqu'il n'y a autour de lui qu'une poignée de bra-
ves ! Et cependant, tous ces gouvernements de l'Euro-

pe, si riches, si puissants, qui veulent sa déchéance, ne paraissent pas trouver la chose bien facile !

L'INCONNU.

C'est un peu difficile, mais ça viendra.

LE ZOUAVE.

Ça ne viendra pas, monsieur.

L'INCONNU.

Eh ! pardon. Le préjugé est vieux et enraciné : il a fanatisé le monde ! Mais ce fanatisme s'éteint, et quand cette vieille superstition du catholicisme aura disparu au soleil de la liberté, vous verrez que nous aurons bientôt fait ?

LE ZOUAVE.

Mais permettez, monsieur ; le préjugé n'est pas chez nous ; il est dans vos rangs. Voulez-vous que je vous fasse connaître le plus grand préjugé du XIXme siècle ? C'est de croire que la force matérielle est toute-puissante en ce monde !

Vous ne croyez pas à la prière, vous ; mais vous avez confiance dans le chassepot. Je vous préviens, monsieur, que vous faites erreur, et que l'avenir vous débarrassera de ce vieux préjugé.

L'INCONNU.

Ta, ta, ta, vous êtes jeune, mon garçon.

LE ZOUAVE.

Appelez-moi " monsieur, " s'il vous plaît.

L'INCONNU.

Eh bien !, monsieur du Canada, je trouve que vous
parlez un peu lestement de notre grand XIXme siècle,
et des gloires du XVIIIe, madame de Pompadour
et Voltaire ! Vous venez d'un pays lointain et demi
sauvage, je suppose, et je comprends que vous puissiez encore defendre la superstition et la barbarie ;
mais je ne permettrai pas que vous veniez insulter à
nos gloires !

LE ZOUAVE.

Je n'ai pas besoin de votre permission, monsieur,
pour donner mon avis sur les personnages historiques
que vous défendez, et un libre-penseur de votre calibre
devrait donner un peu plus de latitude à la liberté de
parler ! Mais puisque vous avez entamé ce chapitre,
dites-moi donc vous, monsieur, qui croyez à la ruine
inévitable et prochaine de la papauté, pourquoi votre
gouvernement qui soutient la révolution d'une main,
défend la Papauté de l'autre ; pourquoi il protège les
ennemis de l'Eglise en France et pourquoi il les a battus à Mentana ? Expliquez-moi ce mystère, s'il vous
plaît.

L'INCONNU.

C'est difficile à expliquer.

LE ZOUAVE.

Ah ! vous n'êtes pas fort ! Cette contradiction vous paraît inexplicable, à vous qui ne croyez pas au surnaturel ; mais pour nous qui savons que le chassepot est aveugle et inintelligent, nous voyons là l'action de la Providence forçant un pouvoir impie de sauver l'Eglise que lui-même a mise en danger !

L'INCONNU.

Mais, mon ami......

LE ZOUAVE.

Je ne suis pas votre ami.

L'INCONNU.

Vous croyez donc sincèrement que, malgré sa faiblesse, la Papauté sera sauvée ?

LE ZOUAVE.

J'en ai la certitude.

L'INCONNU.

Eh bien ! Monsieur, écoutez-moi : j'ai étudié l'histoire du monde, et je connais l'opinion des grands hommes de l'époque : je crois au triomphe définitif de la Révolution sur l'Eglise, et je vous prédis que *ceci tuera cela*.

(L'inconnu touché la carabine en disant *ceci*, et indique le crucifix du doigt en disant *cela*.)

LE ZOUAVE.

Vous en êtes sûr ?

L'INCONNU.

Très-sûr.

LE ZOUAVE.

Mais avez-vous songé que *cela* tué ressuscite ?

L'INCONNU.

Comment ?

LE ZOUAVE.

Ah ! vous avez bien mal étudié l'histoire, si vous n'avez pas vu, dominant tous les faits historiques, ce grand miracle sans cesse renouvelé de là résurrection du Christ !

L'histoire universelle doit être une énigme pour vous, si vous n'avez pas compris que ce fait gigantesque seul résout et illumine mille et un problèmes de la vie des peuples !

Il n'est pas étrange alors que l'étude de l'histoire ait pu vous convaincre de la défaite de l'Eglise !

Ceci tuera cela, dites-vous ?—Mais, monsieur, lorsque la Croix s'est dressée au sommet du Golgotha, *ceci* avait tué *cela*. Les hommes crurent bien alors que c'en était fait du Christ et qu'il était bien mort pour toujours ! Or, vous devez savoir qu'ils se trompaient, et que c'est du haut de sa Croix que le Christ vainqueur prenait **possession du monde !**

Plus tard, lorsque Pierre, successeur du Christ, expirait ignominieusement sur une croix, à deux pas d'ici, et que Néron triomphant ployait sous le poids de la grandeur et de la puissance, *ceci* avait bien tué *cela*. Mais le lendemain *cela* ressuscitait et l'œuvre divine grandissait ! Le monde voyait à peine cette lutte sublime entre la force matérielle et la faiblesse, entre la bête féroce du cirque et le martyr, entre le sabre et la prière, mais le ciel la contemplait ! Pendant trois siècles *ceci* tua *cela* ; mais autant de martyrs, autant de résurrections ! Que dis-je ? Un seul martyr faisait naître des milliers de prosélytes, et la mort de *cela* devint l'enfantement miraculeux de la Foi !

La lutte pourtant ne fut pas terminée pour toujours ; cent fois elle recommença ; mais cinq siècles plus tard, la force spirituelle régnait sur l'Europe dans la personne du Pape Adrien, et la force matérielle était devenue son humble servante dans la personne de Charlemagne, le plus grand des empereurs !

Voilà ce que dit l'histoire, monsieur, et ce que trop de gens ignorent. Vous aurez beau faire, vous ne serez jamais aussi puissants que l'étaient les empereurs romains, et la force matérielle de l'Eglise ne sera jamais aussi faible que dans les catacombes ! Quand une telle faiblesse a pu triompher d'une telle force, on peut être assuré que le canon rayé ne prévaudra pas contre l'Eglise !

L'INCONNU.

Mais croyez-vous donc que le pape soit immortel ?

LE ZOUAVE.

Certainement, monsieur, le pape est immortel !
Pie IX mourra ; mais le pape ne mourra pas ! Il y a
plus de dix-huit siècles qu'il vit, et je ne vois à son
front aucun signe de décrépitude ! Plus que jamais il
est vivant, courageux et fort ! Plus que jamais il est
actif et prompt à censurer l'erreur !

L'INCONNU.

J'admire votre enthousiasme, jeune homme ; mais
derrière vos belles illusions, il y a la réalité ; et vos
rêves pourraient s'évanouir en face des événements.
Un jour, qui n'est pas éloigné, la révolution éclatera
à Paris, et Napoléon III sentira les rênes du gouvernement lui échapper. Qui viendra alors au secours de
la Papauté dans un tel désarroi de la puissance impériale ? Qui la défendra alors contre l'armée piémon-
taise marchant sur Rome et recrutant dans sa marche
tous les révolutionnaires étrangers qui affluent en
Italie ? Sera-ce l'Autriche, dont le gouvernement est
anti-catholique ? Sera-ce la malheureuse Espagne, qui
se promène au bord des abîmes en chancelant comme
une femme ivre ? Sera-ce la Prusse ? Sera-ce l'Angleterre ? Sera-ce la Russie ?

C'est alors que la Révolution pourra bien dire à la
Papauté, en se moquant :

Anne, ma sœur Anne, ne vois-tu rien venir ?

LE ZOUAVE.

Eh bien ! je sais ce que la Papauté répondra.

L'INCONNU.

Quoi ?

LE ZOUAVE.

Elle répondra : Je vois venir Dieu !

L'INCONNU.

Et vous croyez que Dieu viendra ?

LE ZOUAVE.

Dieu viendra, monsieur, comme il est déjà venu ;
et il vaincra le monde comme il l'a déjà vaincu !

L'INCONNU.

Je ne comprends pas.

LE ZOUAVE.

Ecoutez un peu, monsieur : Dieu est patient et il
sait attendre son heure. On croirait parfois qu'il a
abandonné le monde, tant le mal triomphe, et tant le
succès sourit aux méchants ! Sûr de vaincre quand il
le voudra, il laisse aujourd'hui la révolution grossir
ses rangs, séduire les peuples, et envahir les royaumes.

Il se fait petit et il souffre le mal comme s'il était
trop faible pour le punir. Peu à peu sa lumière se
retire du milieu des peuples ; la mort se fait dans
l'esprit humain, et bientôt peut-être, Satan dira à la

Révolution : C'est l'heure, lève-toi et marche, Dieu est endormi !

L'armée de Satan se lèvera et marchera contre la papauté. Hélas ! elle triomphera peut-être pendant un temps ! Peut-être Dieu jugera-t-il nécessaire de punir l'Italie qui a prêté aux doctrines irréligieuses une oreille trop complaisante ! Et alors qui sait quelles calamités affligeront l'Eglise ! Rome peut être prise ; le Pape peut être enchainé et jeté dans un cachot ou dans l'exil ! Mais ce triomphe des méchants ne durera pas ! Et Dieu, qui semble dormir, s'éveillera soudain à la clameur des fidèles s'élevant jusqu'à lui ! Quel sera alors l'instrument de sa vengeance et de sa justice ? Quel peuple se lèvera pour défendre le saint drapeau ? Nul ne le sait ; mais ce peuple et cet instrument se trouveront sous sa main au moment donné ! Vous avez nommé la Russie, la Prusse et l'Angleterre, comme hostiles à l'Eglise : eh bien ! monsieur, je ne serais nullement étonné de voir l'une de ces puissances sauver la papauté !

Il suffit que Dieu puisse en avoir besoin, pour qu'elles deviennent dans ses mains des instruments aveugles et dociles. Car le monde ne fait pas ce qu'il veut et ne va pas où il croit aller.

C'est lorsque la révolution se croirait victorieuse qu'elle serait vaincue, et le pouvoir qui traînerait le Pape en captivité marcherait à sa ruine !

Vous souvient-il de cet empereur sous les pas duquel l'Europe entière tremblait ?. Tous les rois qui s'étaient levés contre lui avaient été vaincus, et le monde était devenu trop étroit pour son ambition et son orgueil !

Or, au sommet de la puissance humaine, à l'apogée de sa gloire de conquérant, il rencontra un souverain qui ne voulut pas plier devant lui, et qui, dressant fièrement la tête, lui dit : Sire, ce que vous avez fait n'est pas permis, *non licet*.

Vous savez la conduite du grand monarque vis-à-vis de ce souverain rebelle qui était le Pape. Mais du moment que le Pape fut captif à Fontainebleau, la gloire et la fortune du conquérant s'éclipsèrent, et c'est quand il croyait arriver à la domination universelle qu'il s'acheminait vers Sainte-Hélène !

Voilà un fait moderne qui devrait ouvrir les yeux à ceux qui ne croient pas à l'assistance du ciel. Or ce fait n'est pas isolé. L'Histoire de l'Eglise n'est pas autre chose que le récit des interventions de Dieu dans les affaires de ce monde.

Avez-vous lu cette histoire ?

L'INCONNU.

Non, monsieur.

LE ZOUAVE.

Oh ! alors, je ne suis plus étonné de vous entendre proclamer le triomphe de la révolution ; car vous ignorez les luttes et les victoires de la Papauté.

Permettez-moi de vous en dire encore un mot.

Je vous ai rappelé la défaite des Césars romains : parlons un peu des Césars allemands.

Le Césarisme a toujours été l'adversaire de la Papauté, parce que césarisme et despotisme sont synoni-

mes, et que le Pape a toujours été le plus grand pró-
tecteur de la liberté !

Eh bien, après les Césars romains, la Papauté se
trouva en face des empereurs allemands, qui, eux
aussi, rêvaient la domination universelle ! L'Allemagne, devenue la première puissance de l'Europe, voulait alors asservir la Papauté et réduire le successeur
de Pierre à l'état de simple sujet allemand.

La lutte fut longue, acharnée, savante et terrible.
En face d'Henri IV, haut et puissant empereur, se
dressa, du fond d'un cachot, le moine Hildebrand, devenu saint Grégoire VII ! Contre Frédéric Barberousse
se leva un enfant, qui naguère encore mendiait son
pain à la porte des monastères, et qui devint Adrien
IV ! Devant Frédéric II et son chancelier Pierre Desvignes surgit Innocent IV, qui, dépouillé et fugitif, répondait par l'excommunication aux manifestes du
grand empereur et le faisait condamner par le Concile
de Lyon.

Toute la richesse, toute la force, toute la puissance
humaine étaient du côté des empereurs, et la Papauté
triomphait !

La main de Dieu planait sur la tête de l'Eglise comme une ombre protectrice, et aux moments donnés,
elle s'appesantissait sur ses ennemis. Frédéric II mourut, empoisonné, dit-on, par Mainfroi, l'un de ses enfants naturels, et le rédacteur de ses manifestes libéraux, Pierre Desvignes, se brisa la tête contre les
murs de sa prison.

Telle a été, monsieur, et telle sera toujours la fin
des luttes entre le Césarisme et la Papauté, entre la
Révolution et l'Eglise Romaine !

On lit au Livre des Rois, qu'un jour, l'Arche d'Alliance était tombée aux mains des Philistins. Quoiqu'idolâtre, ce peuple avait compris que l'arche sainte était la force d'Israël, et il avait réussi à s'en emparer. Mais à peine l'Arche d'Alliance était-elle arrivée au pays des Philistins, que les plus grandes calamités assaillaient ce malheureux royaume. En face de l'Arche, la statue de Dagon, leur dieu, tombait renversée, et, le second jour, les Philistins ne trouvaient plus que son tronc, sans tête et sans bras. "La main du "Seigneur, dit le Livre des Rois, étendait la mort sur "chaque ville, et tous les habitants étaient frappés, "depuis le plus petit jusqu'au plus grand."

Eh bien, monsieur, écoutez-moi :

Tous les catholiques du monde qui se groupent aujourd'hui autour de la Papauté, c'est le peuple d'Israël !

Tous les impies, peuples et rois, qui lui font la guerre, ce sont les Philistins ! La Révolution, c'est le dieu Dagon devant lequel les rois de l'Europe se prosternent !

La Papauté, c'est l'Arche d'Alliance qui fait la force d'Israël, et dont l'ennemi veut se rendre maître !

Malheur aux Philistins s'ils portent leurs mains impies sur l'arche sainte ! Je vous l'ai dit : Dieu viendra, et Dagon sera renversé sans tête et sans bras, c'est-à-dire, sans intelligence et sans force !

L'INCONNU.

Vous êtes un digne défenseur de la papauté : serrez la main de votre colonel, il est content de vous !

LE ZOUAVE.

Quoi ! vous êtes......

LE COLONEL, *détachant le manteau qui l'enveloppait.*

Je suis le calonel de Charrette, et, comme je crains quelque trouble cette nuit, je suis sorti pour m'assurer de la vigilance des sentinelles. En vous voyant, il m'est venu à l'idée d'éprouver la foi et les principes de mes zouaves, et je vous ai fait causer.

LE ZOUAVE.

Pardonnez-moi de ne vous avoir pas reconnu.

LE COLONEL.

Je n'ai pas à vous pardonner, mais à vous féliciter, et je n'oublierai pas cet entretien ; oui, mon jeune ami....

LE ZOUAVE.

Ce titre m'honore maintenant.

LE COLONEL.

Vous l'avez dit : le pape est immortel ! et ce que nous voyons aujourd'hui est une nouvelle démonstration de son immortalité. La convocation d'un concile général est l'acte d'un homme convaincu qu'il survivra aux événements et aux hommes actuels. C'est aussi la démonstration d'une grande force, et, dans ce grand jour, la faiblesse matérielle de l'Eglise disparaît sous l'immense déploiement de sa puissance morale et intellectuelle.

Que nous sommes fiers d'appartenir à l'Eglise, et
que nous sommes heureux d'être ses défenseurs quand
nous la voyons ainsi jeter, pour ainsi dire, à l'enfer
un défi solennel ! Et notre grand Roi et saint Pontife
Pie IX ! Comme il s'élève en ce jour au-dessus de
tous les souverains de la terre ! Il est environné d'ennemis qui ont juré sa perte ; des fenêtres de son palais
il entend les vociférations des méchants qui crient :
Otez-le ! ôtez-le ! Mais il est calme et il songe. A quoi
songe-t-il ?—Ah ! ce n'est pas le soin de sa personne
qui le préoccupe ! C'est l'avenir de sa famille, la famille humaine ! Il a vu des abîmes ouverts sous les
pas de ses enfants, et pour les sauver il a rassemblé
ses fidèles serviteurs ! Il a vu l'édifice de la société humaine croulant de toutes parts, et des quatre coins
du monde il a convoqué les ouvriers évangéliques pour
le reconstruire ! De toutes les extrémités de la terre,
de toutes les îles perdues dans l'immensité de l'océan,
du fond des déserts et des solitudes, tous sont accou-
rus, plus majestueux que des rois, et se sont rangés
autour de son trône ! Quelle assemblée imposante de
majesté ! Quelle cour lumineuse de science et de vertus : plus imposante que celles des rois et des empereurs ; plus savante que leurs scribes et leur diplomates !

Qu'importe après cela l'égarement d'un pauvre moine que l'orgueil et la popularité ont perdu après tant
d'autres ? Qu'importe la fin déplorable d'un malheureux génie, qui a cru qu'en ne passant pas par l'église
pour se rendre au cimetière, il ne passerait pas par
Dieu pour se rendre........Mais il ne faut juger per-

sonne, en ce jour surtout où le ciel et la terre semblent s'unir dans une commune allégresse !

Non, mon jeune ami, la force brutale ne peut pas triompher longtemps de la force morale et intellectuelle ! L'esprit l'emportera sur la bête, la prière sur le chassepot ! La victoire est à nous, descendants des croisés !

TOUS DEUX ENSEMBLE.

Vive Pie IX ! Gloire à l'Eglise !

FIN.

TABLE DES MATIÈRES.

Troisième Partie.

UNE PAGE D'HISTOIRE.

Lightning Source UK Ltd.
Milton Keynes UK
UKHW010008090219
336872UK00005B/169/P